O PREÇO
A PAGAR

Joseph Fadelle

O PREÇO A PAGAR

POR ME TORNAR CRISTÃO

Paulinas

Dados Internacionais de Catalogação na Publicação (CIP)
(Câmara Brasileira do Livro, SP, Brasil)

Fadelle, Joseph
O preço a pagar : por me tornar cristão / Joseph Fadelle ; tradução Paulinas Editora Prior Velho, Portugal. – 2. ed. – São Paulo : Paulinas, 2015. – (Coleção superação)

Título original: Le prix à prayer.
ISBN 978-85-356-4031-1

1. Convertidos - Igreja Católica - 1900- - Narrativas pessoais 2. Convertidos - Biografia I. Título. II. Série.

15-09342   CDD-248.24609

Índice para catálogo sistemático:
1. Convertidos : Biografia : Cristianismo   248.24609

Título original da obra: *Le prix à payer*
© 2011, Éditions de L'Euvre, França.

2ª edição – 2015
6ª reimpressão – 2025

Direção-geral:	*Bernadete Boff*
Editora responsável:	*Andréia Schweitzer*
Tradução:	*© 2011, Paulinas Editora*
	Prior Velho, Portugal
Copidesque:	*Ana Cecilia Mari*
Coordenação de revisão:	*Marina Mendonça*
Revisão:	*Sandra Sinzato*
Gerente de produção:	*Felício Calegaro Neto*
Projeto gráfico:	*Manuel Rebelato Miramontes*
Capa e diagramação:	*Jéssica Diniz Souza*
Imagem de capa:	*© Daniel Thornberg - Fotolia.com*

Nenhuma parte desta obra poderá ser reproduzida ou transmitida por qualquer forma e/ou quaisquer meios (eletrônico ou mecânico, incluindo fotocópia e gravação) ou arquivada em qualquer sistema ou banco de dados sem permissão escrita da Editora. Direitos reservados.

Cadastre-se e receba nossas informações
paulinas.com.br
Telemarketing e SAC: 0800-7010081

Paulinas
Rua Dona Inácia Uchoa, 62
04110-020 – São Paulo – SP (Brasil)
📞 (11) 2125-3500
✉ editora@paulinas.com.br
© Pia Sociedade Filhas de São Paulo – São Paulo, 2013

Quem nos separará do amor de Cristo? Tribulação, angústia, perseguição, fome, nudez, perigo, espada? Pois está escrito: "Por tua causa somos entregues à morte, o dia todo; fomos tidos como ovelhas destinadas ao matadouro". Mas, em tudo isso, somos mais que vencedores, graças àquele que nos amou. Tenho certeza de que nem a morte, nem a vida, nem os anjos, nem os principados, nem o presente, nem o futuro, nem as potências, nem a altura, nem a profundeza, nem outra criatura qualquer será capaz de nos separar do amor de Deus, que está no Cristo Jesus, nosso Senhor.

Romanos 8,35-39

Amã, 22 de dezembro de 2000

– A sua doença é Cristo, e não há remédio para ela. Nunca conseguirá se curar...

O meu tio Karim tira um revólver e o aponta para meu peito; nem consigo respirar. Atrás dele, quatro dos meus irmãos desafiam-me com o olhar. Estamos sós nesse vale desértico.

Ainda agora não acredito no que aconteceu. Não! Não quero acreditar que membros da minha própria família – até mesmo meu tio, a quem no passado ajudei – possam ter realmente a intenção de me matar. Como puderam chegar a odiar-me tanto, a mim, que sou sangue do seu sangue, a mim que, quando menino, brinquei com eles e mamei do mesmo leite? Não compreendo...

Como também não compreendo que seja justamente Karim, o meu querido tio, quem agora me ameaça. Ele, a quem muitas vezes livrei de apuros perante a intransigência do meu pai, o chefe do clã familiar...

Por quê? Por que é que minha família não pode simplesmente aceitar a minha nova vida? Por que razão querem a todo custo que eu volte a ser um deles?

Pouco a pouco, começo a compreender, com pavor, que estão dispostos a tudo para me recuperar, a mim que sou o herdeiro da tribo Mussaui, o preferido. Recordo o início desta cena incrível:

– O seu pai está doente – começou a dizer Karim – e insiste que você regresse. Encarregou-me de lhe dizer que deseja esquecer o passado, tudo o que aconteceu...

Meus irmãos não se pouparam a falar das promessas do meu pai; bastaria um sim da minha parte e teria tudo de volta: casa, carros, dinheiro... Em compensação, eu teria que esquecer o mal que me fizeram.

Mas como esquecer... Não se trata somente de esquecer! Trata-se da minha fé:

– Não posso regressar ao Iraque, sou batizado.

– Batizado? Mas o que é isso?...

Tornei-me cristão, a minha vida mudou. Já não posso voltar atrás. Já não me chamo Mohammed. De agora em diante, o meu antigo nome não vale nada. Mas percebo muito bem que não compreendem nada do que lhes digo. Pensam que tudo pode resolver-se, facilmente, com dinheiro... Tudo depende da importância, da soma monetária que prometem. Mas todas as suas tentativas esbarram contra uma parede: recuso-me a voltar a ser muçulmano. Para eles, eu sou um apóstata.

Faz três horas que estamos discutindo à beira desta estrada desértica. Não avançamos nem um passo, cada um mantém-se exatamente na mesma posição. E fico nervosamente vazio diante das questões que surgem de todos os lados.

Repentinamente, o tom sobe. A agressividade torna-se palpável, ameaçadora:

– Se não quiser vir conosco, nós o mataremos. Mas não se preocupe, o seu corpo será repatriado. E aqui, sua mulher e seus filhos morreriam de fome... Por isso, irão também regressar ao nosso país.

Por momentos, esqueço-me da situação angustiante que estou vivendo, para esboçar um vago sorriso interior, velado de tristeza: como é que este xiita iraquiano poderia sequer imaginar que uma mulher árabe poderia desembaraçar-se e ganhar a vida com as próprias mãos, sem a ajuda de um homem?

Entretanto, o olhar do meu tio Karim tornou-se furioso e os seus traços faciais endureceram-se.

– Fizeram uma lavagem cerebral em você – constata friamente.

Sinto que também ele chegou ao limite e já não quer discutir. Este mal só é curado com um remédio radical, com a lei islâmica, a charia.

— Conhece a nossa lei, sabe que há uma *fatwa** contra você. Essa fatwa exige que você seja morto, se não voltar a ser um bom muçulmano, como nós, como antes!

Sinto náuseas. O meu estômago embrulha-se ainda mais. Sei o que vem por aí. Ao relembrar este decreto de morte, Karim obriga-se a ir até ao fim, sob pena de passar por descrente ou, pior, um renegado. É-me retirada a minha tábua de salvação. Diante do inelutável, explodo:

— Se quer me matar, me mate! Você veio com armas, com a força, mas eu gostaria de falar a você com a razão. Leia o Alcorão e também o Evangelho, depois, poderá discutir... Seja como for, não creio que tenha realmente coragem de disparar contra mim!

Acossado pela cólera e pelo medo, falei demasiado depressa. Que teria eu a ganhar com esta provocação, semelhante à coragem de um condenado à morte que, pela última vez, desafia o pelotão de execução? Talvez tenha acreditado que, sendo estrangeiros neste país, eles não ousariam alertar as circunvizinhanças com o barulho, arriscando-se a ser presos.

A detonação é ensurdecedora e repercute-se até o infinito pelo vale... Que milagre terá feito com que

---

* Pronunciamento legal no Islão emitido por um especialista em lei religiosa, sobre um assunto específico. (N.E.)

Karim não me tenha atingido? No fundo de mim, ouço como que uma voz feminina que me sussurra: *"Ehroub – Foge!"*. Nesse momento, não procuro explicação para esse estranho fenômeno, rodo sobre os calcanhares e ponho-me a correr em disparada.

Durante a minha corrida, ouço as balas assobiarem à minha volta. Há, com certeza, várias pessoas apontando para mim, disparando para me matar, a julgar pela trajetória das balas, que passam raspando por mim. Os segundos parecem-me séculos, até que consigo me afastar o suficiente para já não ouvir suas vozes.

Como estou ainda disposto a correr, a pensar no último minuto que me resta para viver, não sinto a dor provocada pela bala. Apenas sinto que o meu pé salta no ar, como que impelido por uma força incrível. Quando tomo consciência do que está acontecendo, já estou no chão, na lama, com a sensação de um líquido quente me escorrendo pela perna. Mas, como estou totalmente molhado, sou incapaz de distinguir se é sangue ou lama. As armas calaram-se, certamente por me verem cair. Depois, desmaio.

I
CONVERSÃO

Massoud

BASRA (IRAQUE), INÍCIO DE 1987

Está frio. Deixei a grande casa familiar de Bagdá e fui para o sul, decidido a fazer apenas uma passagem-relâmpago por essa caserna à qual nada me prende, a não ser os acasos da administração em guerra.

Tenho vinte e três anos e nenhuma vontade de servir o Exército durante mais três anos em troca de um soldo de miséria e, ainda menos, pelo regime de Saddam, em pleno conflito mortífero com a jovem República Islâmica do Irã. Antes de partir, meu pai, Fadel-Ali, deu-me instruções tranquilizadoras: "Inspeciona bem o lugar, vê se é uma zona exposta aos combates e me prepare um relatório para que eu possa fazer com que o dispensem".

Fiquei bastante sensibilizado com esta solicitude paterna, porque o tinha visto completamente desfeito e aniquilado com a morte do meu irmão mais velho, Azhar, nos bombardeamentos iranianos. E, contudo, o meu pai tinha pagado para que ele fosse enviado a uma zona sem riscos.

Depois daquela tragédia, ele moveu céus e terras para evitar que o mesmo acontecesse comigo, a menina dos seus olhos, o seu sucessor designado, escolhido entre a sua numerosa descendência para ser a cabeça da tribo. Durante alguns anos, esta estratégia mostrou-se eficaz. Graças a seu extenso poder, meu pai começou por falsificar os meus documentos de identidade, recuando dois anos a data do meu nascimento, para ganhar algum tempo antes da chamada fatídica.

Depois, chegado oficialmente aos dezoito anos, nunca respondi a nenhuma convocação militar, porque o meu pai garantia o silêncio dos chefes de guarnição, tirando da sua fortuna o suficiente para lhes oferecer uma bela casa. E, para que tudo fosse perfeito, ele usava os bons préstimos de um funcionário da administração que, todos os meses, me fornecia as licenças necessárias, o "abre-te, sésamo" indispensável para evitar as averiguações inesperadas da polícia. Desde o início da guerra, há já seis anos, qualquer jovem que circulasse à paisana, livremente pela rua, seria considerado um potencial desertor.

Mas, um dia, por vontade e zelo do novo responsável das obrigações militares, desejoso de lutar contra a fraude, o estratagema deixou de funcionar.

Como nunca lhe faltavam ideias, meu pai aceita deixar-me partir para Basra, no sul, mas com o único objetivo de saber a que tribo pertence o comandante, com a esperança de fazer um novo arranjo e de me passar à reserva.

Na hora da partida, tranquilizado com esta garantia e convencido do poder de minha família em todo o país, eu apenas levei alguns poucos objetos pessoais para uma viagem de curta duração, de dois ou três dias no máximo. É o suficiente para uma ida e volta nesta região próxima do Golfo Pérsico.

Ao chegar ao campo, sou levado através de vários agrupamentos, até que fico sabendo que tinha sido designado para um regimento de infantaria situado a vinte quilômetros do Chate Alárabe, o rio [formado pela confluência dos rios Tigre e Eufrates] que marca a fronteira com o Irã. De fato, a caserna é um lugar de passagem para os que chegam da frente, sendo também lá que se armazenam as munições. Portanto, estou situado um pouco atrás da zona de combate.

Mas já era noite fechada quando me encontrei com o comandante. Como era demasiado tarde, decidi adiar para o dia seguinte o meu pedido de favor extraordinário. Afinal, continuaria a ser um privilegiado, se a minha carreira de soldado durasse apenas uma curta noite, em vez dos três anos impostos pelo regime. Privilégio que considero perfeitamente normal e devido à minha posição na sociedade... Por isso, vou conceder-me, durante algumas horas, os calafrios da vida militar. Graças a esta aventura, espero recolher sem perigo um ou dois relatos épicos da frente, para poder me gabar.

Por ordem do comandante, o intendente do regimento pede-me que o siga, para me instalar na mesma caserna de um tal Massoud.

Enquanto íamos, interrogo o meu guia sobre o homem com quem vou passar a noite.

– É um homem bom – responde-me ele –, um agricultor. Tem quarenta e quatro anos e é cristão...

Estas palavras fizeram-me parar imediatamente, atordoado, como se levasse uma paulada. Senti-me empalidecer, sem energia, e deixei cair os meus objetos pessoais e o colchão que tinha debaixo do braço. Depois, a surpresa deu lugar ao medo e ao pânico. Perdi o controle e comecei a gritar como um louco:

– O quê? Mas não é possível! Mas o que é isso? Leve-me já ao oficial! Acha que eu, um Mussaui, vou dormir perto de um cristão?

O terror me invade e me rouba o discernimento. Na minha terra, os cristãos são considerados seres impuros, que não valem nada, e com os quais devemos evitar de nos misturar, custe o que custar. No Alcorão, que recito todos os dias desde a minha mais tenra infância, são hereges que adoram três deuses.

Lembro-me ainda de um dos piores insultos que se podem dirigir a alguém: "Cara de cristão!". Tratar um inimigo deste modo é arriscar-se a morrer. Sei bem como é isso porque, um dia, o meu pai teve de intervir para resolver um conflito desse tipo.

Perplexo com a minha reação, o soldado encontra um conselho para me acalmar:

– O comandante é um homem jovem e, por isso, não tem muita experiência, se resolver enfrentá-lo, ele pode não compreender a situação e reagir mal. Por isso, passe a noite como está previsto e amanhã encontraremos uma solução.

Embora ainda sob forte emoção, consigo controlar-me um pouco, mas esta noite parece-me um verdadeiro pesadelo. Tenho medo de ser tocado por esse cristão, de ter de lhe falar e, até, de ter de partilhar a minha comida com ele. Na minha vida, nunca tinha imaginado tal provação...

Quando, de cabeça baixa e pernas tremendo, entro no cubículo, encontro-me cara a cara com um homem no auge da idade, de aspecto pacífico.

– De onde você vem? – pergunta-me amavelmente, querendo saber quem é o seu novo companheiro de caserna.

Esta pergunta traz-me a um terreno conhecido, em que posso apoiar-me. Então, ganho alguma coragem, levanto os olhos e fixo-os orgulhosamente nos do meu interlocutor:

– Sou um al-Sayyid al-Mussaui, de Bagdá, uma família que remonta diretamente ao Profeta – afirmo-lhe num tom glacial, como que para marcar a diferença social que nos separa irremediavelmente.

É uma atitude um pouco arrogante porque, oficialmente, já não tenho o direito de inscrever nos meus documentos o título nobiliárquico de Sayyid. Trata-se de uma proibição formulada por Saddam – que não é de família nobre –, desde que tomou o poder no Iraque.

E as minhas palavras, com a intenção de interromper a conversa, parecem produzir efeito. Massoud não responde. Em silêncio, puxa lentamente a sua cama para mais longe e, só depois de ter realizado tal tarefa, afirma que sofre de alergias e que, portanto, não podemos comer juntos.

Um pouco tranquilizado com estas disposições, faço uma linha de demarcação para passar a noite, vigiando sempre o desconhecido com o olhar. "Afinal" – digo para mim mesmo, enquanto me estendo sobre o colchão –, "este Massoud não tem um ar assim tão malvado e até me parece bem-educado. Talvez Alá o tenha enviado para que eu o converta ao Islã...".

Não posso dizer que sou muito crente, mas sou um muçulmano observante. E todo bom muçulmano tem o dever de converter os descrentes, para ganhar a recompensa celeste prometida aos valorosos: mulheres com aspecto de sereias e abundância de leite e de mel. Todavia, não é tanto a recompensa que me interessa, mas, sobretudo, o acréscimo de boa reputação que isso poderia dar-me perante as pessoas.

Mais obscuramente, vejo com admiração que este desejo de converter, inteiramente novo em mim, me traz uma satisfação real e, igualmente, um pouco mais de tranquilidade para enfrentar a noite.

No dia seguinte, as duas camas já estão bem separadas, assim como os utensílios de cozinha: ali não há refeitório e cada um tem de fazer a própria comida.

Nos dois dias que se seguem, observo sempre suspeitosamente Massoud, sem, contudo, chegar a apanhá-lo em falta. Até me surpreendo por não ficar incomodado com seu odor, porque na minha família é ponto assente que um cristão é reconhecido por seu mau cheiro...

Aqui, nada no comportamento desse homem vem alimentar os meus preconceitos. Estou desconcertado, confuso. Progressivamente, o terror inicial se esvai, dando lugar a outro sentimento, ainda tímido: sinto-me intrigado com esse cristão, ainda mais que é a primeira vez que vejo um em carne e osso.

Assim, deixo-me levar pela curiosidade, encorajado por um não sei quê de sedutor que dimana da sua personalidade. Ao fim de algum tempo, já definitivamente tranquilizado quanto às intenções pacíficas de Massoud, ouso até trocar algumas palavras com ele.

Como o meu pai é um grande proprietário agrícola, falamos de agricultura; também ele possui muitas terras no norte do país. Não posso deixar de impressionar-me com os seus conhecimentos de homem experimentado, eu que deixei voluntariamente a escola aos catorze anos, pouco apto a suportar durante muito mais tempo a escola obrigatória. Sobretudo porque não via nenhuma utilidade nela, já que desde sempre meu pai me tinha destinado a sucedê-lo...

Mas também sei reconhecer a instrução quando a encontro. Quanto mais escuto Massoud, mais sou obrigado a reconhecer que se exprime com distinção, com uma facilidade e fluência que não tenho. Encontro nele o que me agradava nos numerosos romances da minha adolescência: a capacidade de contar histórias, de alimentar a imaginação...

Em resumo, sem verdadeiramente chegar a defender-me disso, sou seduzido pelo charme desse homem culto e invejo sua arte de saber falar. Assim subjugado, já nem tenho pressa de ir falar com o comandante a pedir-lhe mudança de lugar. Agora, meu objetivo é descobrir o segredo de Massoud e apropriar-me dele. Em troca, ensinar-lhe-ia a fé muçulmana.

De fato, esta vida militar é bastante calma e deixa muito tempo livre. Tenho de fazer as rondas, nomeadamente à noite, mas, de uma forma geral, não me distribuem muito trabalho. Afora duas ou três horas de atividades durante o dia, em que Massoud e eu somos encarregados de arrumar o depósito das armas, passamos a maior parte do tempo diurno a dois, sem nos misturarmos com os outros soldados.

Estou muito feliz com este tempo que me foi dado, porque aprecio cada vez mais as conversas com o meu companheiro de caserna. É verdade que, por agora, evitamos abordar assuntos incômodos, sobretudo os de religião. Mas estou à espera do momento oportuno para convencê-lo da superioridade do Islã...

Ocasionalmente, numa conversa, fico sabendo que Massoud nasceu em 1943. Portanto, não deveria ter sido recrutado: é velho demais para fazer parte dos convocados todos os anos para alimentar os apetites de conquista de Saddam Hussein. Enquanto espera a administração reconhecer que errou, o que pode demorar muito tempo, ele se impacienta sonhando com as suas quatro filhas, que ele destinou a quatro cristãos da sua aldeia, perto de Mossoul.

Eu – e, aliás, toda a minha família – não tenho mais simpatia do que ele por este regime de ferro que despreza os xiitas. Embora, no fundo, como todos os notáveis, o meu pai seja um moderado. A sua categoria de patriarca leva-o, frequentemente, a tratar das suas obrigações tanto entre os seus irmãos xiitas como entre os sunitas, apesar do seu antagonismo histórico.

Mas há mais. Antes de o sunita Saddam Hussein se apoderar de todos os poderes, o partido Baas fez reinar o terror durante quase vinte anos, eliminando os opositores. E isso é algo que minha família nunca aceitou.

Com orgulho, explico a Massoud que pertenço a uma rica família de senhores, os al-Mussaui, presentes no Líbano, no Irã e no Iraque.[1] Segundo o meu

---

[1] Pertencem à família dos Mussaui, o aiatolá Khomeini, do Irã, e o xeique Nasrallah, do Líbano.

pai, posso descender em linha direta do imã Musa al-Kazemi, cujo significado é "aquele que sabe dominar a sua cólera". Trata-se de um descendente de Ali, o jovem primo e genro de Maomé. Na visão dos xiitas, ele é tão importante como o Profeta.

Mas esta descendência aristocrática começou cedo a pesar em cima dos meus ombros, a partir do momento em que o meu pai me designou para lhe suceder, quando fosse demasiado velho, no governo do clã. Escolheu-me, embora eu não fosse o mais velho, sem dúvida porque me considera o mais ponderado e o mais obediente dentre seus dez rapazes... A partir de então, exigente consigo mesmo como era com os seus próximos, fez-me compreender que devia tornar-me digno desta escolha, exemplar, à sua imagem.

Por isso, não me recordo de ter uma infância feliz, sem preocupações, com brincadeiras, risos, asneiras... Tive, sobretudo, o dever e, desde muito cedo, a companhia dos adultos na grande sala de reunião ao lado da casa e, portanto, um certo tédio.

Contudo, a minha situação de filho preferido comporta certos privilégios a que eu não renunciaria por nada do mundo. Quem, no seio da tribo, quiser fazer um pedido a meu pai, verá em mim um intermediário indispensável: todos têm tanto medo dele que nem ousam olhá-lo de frente. De fato, muito consciente do seu papel na sociedade, o meu pai apresenta um rosto sério e autoritário, nunca permitindo a si mesmo qualquer abrandamento.

Nisso, é diferente do seu pai: não há dúvida de que meu avô paterno tinha o mesmo caráter dominador, mas também era uma pessoa que gostava de desfrutar, de agarrar a vida às mãos cheias. Morreu com 109 anos, pedindo que preparassem o seu quarto casamento, enquanto lhe deitavam gotas de água na boca e o seu filho lhe lia o Alcorão!

O meu pai não herdou esse apetite para aproveitar a vida, que era a felicidade dos seus netos. Mas, para mim, Fadel-Ali al-Mussaui, o meu pai não é de modo nenhum um homem inacessível. Sinto que é muito afeiçoado a mim, que está muito atento e não é nada avaro de conselhos para ensinar-me o seu ofício. Em compensação, esforço-me por assemelhar-me a ele e mostrar-me à sua altura.

Muito cuidadoso com o que os outros pensam, o meu pai trata de sua aparência de um digno chefe de tribo. Usa um *keffiyeh*[*] branco fixado pelo círculo negro

---
[*] Pano usado na cabeça por homens do Oriente Médio. (N.E.)

dos xiitas e veste a túnica oriental, em que sobressai uma barba semilonga, porque é pecado cortá-la.

Pois, entre os Mussaui, devemos mostrar uma imagem de família piedosa, embora, de fato, se pratique a religião de maneira bastante formal. É verdade que leio o Alcorão todos os dias, no meu quarto, mas, para mim, trata-se de "brincar à oração", de fazer de conta que oro. A minha oração não exige uma adesão real do coração nem sequer uma compreensão profunda do texto.

No interior da mansão térrea, com uma dúzia de quartos, beneficio-me igualmente de um lugar de honra, nomeadamente quando estamos à mesa. Não se pode começar a comer sem mim, mesmo que eu esteja atrasado, o que é motivo de inveja por parte de meus irmãos. Quanto às minhas irmãs, não há problema, porque não podem comer conosco...

A minha mãe, Hamidia El-Hashimi, que também descende do Profeta, é a quarta mulher do meu pai, que não ficou com as anteriores por não lhe terem dado descendentes. Mas recuperou-se dessa situação com a sua esposa atual, a minha mãe, que lhe deu uma descendência magnífica, fonte de orgulho para ele: vinte rebentos, dez rapazes e dez raparigas, sem contar com os abortos espontâneos!

Mas, apesar da fadiga motivada por tantos partos, Hamidia mantém a sua influência no lar, onde conseguiu afirmar o poder que não pode ter exteriormente, na sociedade muçulmana. Supervisiona a cozinha e a lavagem da roupa, dá ordens às suas sete noras e às minhas irmãs solteiras, às vezes até violentamente, chegando a bater nelas.

Os homens, meus irmãos, escapam a esta autoridade graças a seu sexo, que lhes dá poder sobre todas as mulheres, inclusive a mãe. Salvo o respeito, é claro, que todos nós devemos àquela que nos carregou durante nove meses e nos trouxe ao mundo. Também aproveito, sem vergonha, da minha posição privilegiada junto dela. Ainda hoje me dá água na boca quando me lembro dos cinco deliciosos pães cozidos especialmente por minha mãe, a meu pedido.

Na madrassa, a escola corânica, sou o primeiro da turma até a idade de catorze anos, pelo menos se acreditarmos na ladainha dos boletins oficiais. Não é completamente certo que este juízo seja totalmente justo e imparcial, na medida em que meu pai, que uma vez mais vela por tudo, é um dos maiores colaboradores financeiros da escola! Inclusive, o diretor foi pessoalmente até a minha casa para fazer a minha inscrição, fato excepcional, que o estatuto especial e a importância dos al--Mussaui me conferem.

Inicialmente, gostava muito da escola, era o único local onde, ainda criança, eu podia brincar com outras crianças. Depois, dos treze aos catorze anos, a escola se tornou uma perda de tempo para mim, perturbava a minha liberdade e era inútil para me garantir um futuro. Num país em guerra como o Iraque, o regime encoraja muito mais as vocações militares do que a educação escolar. E, para os que perseveram, vale mais ser sunita ou filiado ao partido Baas para obter um lugar na função pública. Não é o meu caso, porque conto muito mais com os favores paternos que com a instrução para me elevar na sociedade.

Todavia, a minha aprendizagem de futuro chefe está longe de ser intensiva. Passo horas nesta imensa sala de recepção em que o meu pai trata de negócios, quando não percorre o país para resolver os conflitos entre tribos. Para os meus irmãos e para mim, o trabalho consiste essencialmente em garantir uma permanência em casa: as pessoas podem vir procurar conselho a qualquer hora do dia.

Entre duas visitas, enquanto os trabalhadores agrícolas do meu pai trabalham durante a terra, os meus irmãos e eu tomamos café na grande sala, conversando ininterruptamente sobre a chuva e o bom tempo. Às vezes, o meu pai leva-me com ele nas suas deslocações, o que é uma ótima distração para a nossa ociosidade. Então, considero-me um dos membros mais influentes de uma delegação governamental.

Como isso não me acontece muitas vezes, resta-me ainda muito tempo livre. Os passatempos são muito poucos: só temos uma cadeia de televisão, a de Saddam Hussein, porque o regime proíbe as antenas de satélite. Por isso, refugio-me na leitura, devorando tudo o que me vem à mão, para satisfazer a minha curiosidade: romances com imãs como personagens, livros de história, de medicina e até de poesia...

O que me espanta em Massoud é, sobretudo, a sua capacidade de ouvir a minha história com uma atenção pouco habitual, benevolente, dado que ainda nem tenho vinte e cinco anos, sendo, por isso, pouco vivido. Embora convencido da superioridade da minha tribo, não tenho a tranquilidade que, parece-me, a idade e a cultura dão a esse homem.

Três dias mais tarde, Massoud ausenta-se durante todo o dia para tratar de uma missão. Estou sozinho, dando voltas neste cubículo sem janela, como um leão enjaulado. Sinto-me desocupado e sem objetivo.

Ao fim de algum tempo, começo a inspecionar com os olhos o canto do meu companheiro, onde, em cima de uma prateleira, detecto um livrinho. Ao aproximar-me para pegar nele, descubro um título misterioso, cheio de promessas: Os milagres de Jesus. Na capa, a fotografia de um homem a sorrir, cercado por um halo luminoso. Não conheço este Jesus, mas, encorajado pela sedução de uma leitura agradável, levo a obra para a minha cama e enceto a primeira página, esquecendo-me de todos os meus preconceitos diante de tudo o que Massoud representa.

Nunca, nos meus livros anteriores, tinha ouvido falar de milagres e, ainda menos, de alguém chamado Jesus. Mesmo no Alcorão ou na vida de Maomé, não me lembro de qualquer alusão a este gênero de manifestações. Portanto, a minha curiosidade chega a seu máximo e, sem hesitações, varro os escrúpulos que poderiam nascer ao ler uma cena de casamento, em Caná da Galileia, onde o vinho jorra abundantemente.

Como bom muçulmano que sou, deveria fechar o livro imediatamente, para não ser contaminado com a impureza desta bebida inebriante. Mas, neste momento preciso, cativado pela intensidade da minha leitura, nem sequer me ocorre este pensamento. Mais do que os fatos, o que me atrai, o que me intriga, é a personagem de Jesus, que provoca em mim, sem eu saber muito bem o porquê, uma alegria que me faz bem.

Quando, à tarde, Massoud regressa, hesito longamente em falar-lhe disto, não apenas para não ferir a sua suscetibilidade, mas, sobretudo, porque me sinto vagamente culpado, eu que alguns dias antes desejara levantar uma parede intransponível entre nós dois.

Preciso acreditar que a noite é boa conselheira ou, então, que as horas aumentaram ainda mais a minha curiosidade: de fato, no dia seguinte, estou ansioso por interrogar Massoud sobre este Jesus que se apoderou da minha imaginação. Confesso-lhe esta maldade de que me envergonho. Ele olha para mim a sorrir, francamente, sem nenhuma ironia triunfal nos olhos.

Estimulado por este encorajamento implícito, atrevo-me a fazer a pergunta que me inquieta desde a véspera:

— Quem é este Jesus de quem fala o seu livro?

— É *Isa ibn Maryam*, o filho de Maria...

Resposta totalmente inesperada e incompreensível para mim. Conheço Isa, presente no Alcorão, entre outros profetas que vieram antes de Maomé. Mas nunca ouvi dizer que ele tinha outro nome nem que este Jesus/Isa tinha feito milagres tão extraordinários.

— É normal — responde-me Massoud, encolhendo os ombros. — Durante seis séculos, chamou-se Jesus, depois, quando o Islã apareceu, tornou-se Isa...

Embora um tanto embaraçado, aproveito a ocasião para investigar um pouco mais a religião do meu companheiro de armas, a fim de poder convencê-lo da superioridade do Islã.

– Diz-me, Massoud, os cristãos têm um livro como o Alcorão?

É como que uma pequena armadilha: se a resposta for negativa, a conversão dele será mais fácil, porque não teria nada para opor ao Alcorão, revelação de Alá, inspirada a Maomé.

– É claro – retorque ele, causando em mim uma grande decepção. – Nós, os cristãos, temos a Bíblia, composta de dois livros, o Antigo e o Novo Testamento.

Parece que a minha tarefa será mais difícil do que tinha previsto! Mas, no meu impulso missionário, não me deixo apear por tão pouco. Refletindo alguns instantes, chego à conclusão de que bastará informar-me sobre este livro dos cristãos para derrubar todos os obstáculos que se opõem a que Massoud reconheça o valor incontestável do Islã.

Mas levo outro balde de água fria no meu entusiasmo.

– Por agora, ainda não lhe dou a Bíblia, isto é, não imediatamente – começa por esquivar-se. – Primeiro, vou fazer-lhe uma pergunta, uma só, a qual irá responder francamente.

Terrivelmente decepcionado com tamanha falta de cooperação da parte dele, aquiesço frouxamente, com um gesto de cabeça, sem dizer uma palavra.

– Já leu o Alcorão?
– É claro que li – atiro-lhe eu. – Pensa que sou um infiel, um mau muçulmano?
– Mas leu mesmo? – insistiu suavemente Massoud.
– Já disse que li, inclusive o leio inteiro todo ano, ao longo do Ramadã... E o Ramadã dura trinta dias...
– E compreende o sentido de cada palavra, de cada versículo?

A pergunta, que penetrou em mim como uma seta afiada, desestabiliza-me. Vermelho de confusão, não encontro nada para replicar, atingido no meu ponto mais sensível. Porque os imãs sempre me ensinaram que, muito mais que a compreensão do texto, é a leitura do Alcorão de uma ponta à outra que será recompensada no dia do juízo. Por isso, a soletração de uma única letra permite que se avance na piedade, que se ganhem dez indulgências, embora não se capte o sentido da palavra inteira. Com este cálculo, cada muçulmano tem a certeza de que alcança o paraíso; portanto, vendo deste ângulo, não há motivo para inquietações! À maneira de explicação, os religiosos afirmaram-me que o Alcorão é um livro difícil de interpretar; por isso, os imãs fazem estudos linguísticos muito profundos. Naquela época, este raciocínio havia satisfeito a minha curiosidade e, mais insidiosamente, legitimado a minha prática muito superficial do Islã. Por isso, nunca investiguei mais aquilo que poderia perturbar o meu confortozinho religioso.

Diante do meu silêncio, Massoud aproveita para me propor um acordo:

– Se quiser que eu lhe traga o Evangelho, eu trago, mas com uma condição: antes, vai reler novamente o Alcorão, esforçando-se por decodificar-lhe o sentido com a sua inteligência. Mas deve ser honesto consigo mesmo e não trapacear...

Quando abordei o assunto da religião com Massoud, eu não esperava de modo nenhum esta proposta. Eis-me empurrado para as minhas trincheiras e, se quisesse prosseguir em minha ambição de convertê-lo, obrigado a reexaminar, à custa de um novo esforço e sem concessões, a minha própria crença! Pouco importa, estou pronto a aceitar o desafio, intimamente ferido no meu orgulho, mas com a certeza de que provarei ao meu interlocutor a grandeza do Alcorão, *Inch'Allah!**

---

* Termo árabe para indicar a esperança de que um acontecimento ocorra no futuro, se essa for a vontade de Deus. (N.E.)

Mas acabo de perceber, com um pouco de ressentimento, que, no meu entusiasmo, omiti um pormenor... Tendo partido inicialmente de Bagdá para uma ida e volta de alguns dias, não me dei ao trabalho de levar o Alcorão que tenho no meu quarto. Por isso, tenho de aguardar pacientemente a minha próxima licença, exatamente dali a vinte e oito dias. Alá terá de esperar!

Entretanto, não fico inativo. Para alimentar a minha chama conquistadora e desbravar um pouco o trabalho gigantesco que me espera, assalto Massoud com perguntas sobre os cristãos e seus costumes. Dessa maneira, quando regressar a minha casa, encontrarei mais rapidamente boas respostas para convencê-lo.

Assediado desse modo e obrigado a prestar contas da sua religião, Massoud continua muito prudente e lacônico nas suas respostas, como se não estivesse à vontade, ou à defesa. Nunca é o primeiro a avançar nem fala da sua fé pessoal. Estranhamente, ele parece até se colocar de fora do mundo dos cristãos, daquele mundo a que ele pertence e que me descreve com precisão, mas também com uma frieza quase mecânica.

Daqui eu deduzo, um tanto precipitadamente, que esta reação estranha significa que a sua religião não resiste ao percurso e que ele tem consciência disso. Tenho a certeza de que o objetivo a que me propus está a meu alcance...

Entretanto e a propósito, noto com surpresa que os meus conhecimentos sobre os cristãos são bastante rudimentares ou, até, absolutamente falsos, não passando em geral de boatos. Um dia, na grande sala de recepção do meu pai, ouvi dizer que os cristãos se reúnem nas igrejas não para orar como na mesquita, mas para se entregar a imensas orgias.

Por isso, Massoud, com toda a paciência, esforça-se por me explicar que, no interior das igrejas, os padres dizem a missa, durante a qual consagram pão e vinho, a que eles chamam Eucaristia. Mas tudo isso me deixa bastante indiferente. Seja como for, digo em abono da verdade que nenhuma das suas palavras me parece ofender o Alcorão ou o Islã.

Em contrapartida, o que retenho dos seus esclarecimentos e que me espanta profundamente é ficar sabendo que, entre os cristãos, os padres não têm o direito de se casar. Há nisso algo que me parece dificilmente crível e, no fundo, até absolutamente impossível para um homem, seja religioso ou não. Porque no Islã o casamento é uma obrigação, que se traduz pelo termo *nikah*, que, literalmente, significa o ato sexual.

Decididamente, a religião cristã é muitíssimo estranha, por isso, tenho urgentemente de arrancar esse homem simpático do erro em que está mergulhado!

De regresso a Bagdá, para o meu primeiro período de licença, aproveito os sete dias que me são concedidos para elaborar o meu plano de ação. Primeiramente, começo pelo que deveria ser o fim, quer dizer, por comprar um cavalo para acolher o meu convertido, como manda o costume. Imagino-me chegando triunfalmente a minha casa, conduzindo o cavalo à brida, em cuja sela está Massoud vestido de branco como os reis, como um troféu de guerra!

Saboreando a minha alegria antecipadamente, não digo nada acerca dos meus projetos, deixando que as pessoas imaginem que preparo alguma surpresa, sem que se atrevam a me perguntar. Depois, ajo de maneira a isolar-me tanto quanto possível durante o resto da semana. Apareço durante pouco tempo na grande sala comum, descurando os negócios do meu pai que, aliás, se encontra em viagem. Após as refeições, despacho-me com toda a rapidez, porque tenho muita pressa de voltar a meu quarto, não me interessando muito por quem me rodeia nem pelos meus irmãos. E eles respeitam este meu relativo isolamento.

Assim, tenho todo o tempo e vagar para mergulhar atentamente no Alcorão, observando o espírito do que prometi a Massoud: examinar o texto corânico com toda a honestidade. Ao fazer isso, também é a primeira vez na minha vida que estou sozinho, diante de mim mesmo, sem escapatória nem distração, e sendo obrigado a confrontar-me verdadeiramente com o que constitui uma grande parte da minha identidade: o Islã.

E foi precisamente então que começaram as minhas tribulações. Todavia, eu deveria ter desconfiado e ouvido a recomendação, tirada de um versículo do Alcorão, de não aprofundar o que pode perturbar a fé. Mas o meu orgulho foi mais forte e não resisti ao desafio lançado por Massoud. Além do mais, confiava na força da minha religião.

Ao abrir a primeira página do texto sagrado, não duvido nem por um segundo de que voltarei indene dessa viagem escriturística. As primeiras linhas de *Al-Fatiha* [A Abertura], que constituem o prólogo do Alcorão, não representam uma dificuldade especial para mim. É a oração mais conhecida, recitada todos os dias por milhões de muçulmanos.

Mas as coisas começam a complicar-se a partir do momento em que abordo a segunda surata, conhecida como *Al-Baqara* [A Vaca]. Tropeço em quase todos os versículos, cheio de perplexidade, e a minha leitura torna-se extremamente difícil e lenta. Desse modo, não compreendo por que, versículo após versículo, Alá se dedica a definir as regras do repúdio, os prazos e pormenores procedimentais, que, penso eu, não tem nenhum valor religioso.

Outro ponto de conflito: não compreendo a insistência do Alcorão em definir a superioridade e o poder dos homens sobre as mulheres, geralmente consideradas inferiores, com apenas metade do cérebro do homem e, até, impuras, durante o período menstrual.

Apercebo-me de que vivi todos estes anos no meio de uma segregação, aliás, aceitando-a muito bem. Mas ainda não havia tomado consciência de que isso vinha diretamente do Alcorão e das suas prescrições. No fundo da minha consciência, já não tenho certeza de que isso corresponde verdadeiramente a uma lei de amor.

Como no versículo 34 da surata *An Nissa* [As Mulheres], que ordena que "se admoestem [as mulheres] cuja indocilidade se tema", que se "releguem para os lugares onde dormem" e, caso seja necessário, "bater nelas"...

A fim de me esclarecer melhor, aproveito o tempo da minha licença para consultar o xeique Ali Ayatla, um amigo da família que também é aiatolá, quer dizer, um doutor do clero xiita, considerado um especialista no Islã. Apresentei-lhe um versículo difícil de aceitar, que estipula que as mulheres são propriedade dos homens: "As vossas mulheres são um campo de trabalho para vós, ide lá como entenderdes" (Surata 2, 223). Isso significa que os homens podem fazer delas o que quiserem, mesmo sexualmente.

Na prática, a resposta do xeique não me convenceu. Segundo ele e os imãs que se debruçaram sobre essa questão, o versículo quer dizer que um homem pode ter relações sexuais em toda a parte, exceto na mesquita, sempre que quiser, exceto no Ramadã, e da maneira que quiser...

Perante o meu ar cético, o aiatolá, que gosta muito de mim, aconselha-me a mergulhar na vida de Maomé e voltar noutro dia. Isso me permitirá, diz ele, compreender melhor o Alcorão. Mas, uma vez mais, sou obrigado a enfrentar a realidade, quando leio que Maomé se tinha casado com uma menina de sete anos, Aicha; ou, ainda, que depois de ter casado o seu filho adotivo Zaid, toma a mulher deste – portanto, a sua nora – e faz dela sua sétima esposa. Mas, segundo o meu imã, é isso que explica porque o Alcorão proíbe a adoção. Chego à conclusão de que há uma curiosa maneira de demonstrar o que é bom ou não, tomando o profeta Maomé algumas vezes como exemplo e, em outras, não.

Em suma, depois de alguns dias de reflexão intensa, o comportamento e a vida do Profeta se tornam para mim uma fonte de vergonha: nenhum destes versículos problemáticos pode ter vindo de Alá. Chego até a considerar uma blasfêmia pensar assim. Entretanto, ainda não questiono o conjunto das suratas do Alcorão. Digo a mim mesmo que o restante deve estar realmente conforme com a ideia que tenho de um Deus bom e misericordioso.

Regressando a Baçorá, retomo a vida militar e volto a mergulhar cada vez mais no exame crítico do Alcorão, sem, contudo, falar das minhas dúvidas a Massoud, que, por seu lado, não me faz muitas perguntas. É melhor assim!

No dia a dia, a nossa vida é espartana. Cozinhamos com *fuel oil** e até comemos algumas vezes juntos, mas sem falar sobre religião. Era como se houvesse um acordo tácito – que para ele é, sem dúvida, pudor e, para mim, uma leve ansiedade – que nos impedisse de fazê-lo.

São os pequenos incidentes da vida cotidiana que embelezam as nossas conversas, nomeadamente as recriminações do nosso superior, que já quase não consigo suportar, ainda mais pelo fato de ele ser de origem mais modesta que eu.

Interiormente, estou muito perturbado por não ter encontrado certezas de fé convincentes. As semanas

---

* De maneira geral, consiste em qualquer produto líquido do petróleo que é queimado para gerar calor ou energia (N.E.).

seguintes deixam-me abatido, cada vez fico mais confuso, quanto mais os fundamentos e as coisas sagradas do Islã, que constituem os meus pontos de apoio, vão desmoronando.

Apercebo-me de que o Alcorão estruturou fortemente a minha vida até o presente. Mas se o texto sagrado do Islã perdeu em mim um pouco da sua forte convicção, a ponto de eu duvidar de que ele seja a palavra de Alá, então é a minha vida inteira que se mostra muito frágil.

Onde está o orgulho que retirava do meu nome, da minha família e da minha ilustre descendência? Em que posso fundamentar a minha vida, se o Islã já não é o seu pilar? Doravante, em quem deverei acreditar? Abandonado à dúvida, como se errasse indefinidamente pelo deserto, sem qualquer indicação do caminho a seguir, perdi toda a energia.

Quase como um reflexo de sobrevivência, agarro-me à ideia de que, talvez, o Alcorão tenha sido arranjado, retocado... Sinto uma angústia incomensurável que me aperta o estômago quando penso no que a minha vida se tornou.

Já nem a vida do Profeta – que, anteriormente, me parecia repleta de glórias e de autorrealização – me dá alguma consolação. Na minha tristeza, pelo contrário, vejo nela um amontoado de adultérios e de roubos. Como pode este homem ser um homem de Deus? Como posso querer assemelhar-me a ele, se fez o contrário do que pregava? Como pode pedir a uma mulher que perde o marido que espere três meses e dez dias para voltar a casar-se, quando ele se casou com uma mulher no dia em que ela tinha perdido o marido, assassinado com mais seiscentas pessoas a mando do Profeta?...

Neste marasmo do meu espírito, o que me tranquiliza um pouco é que, apesar de tudo, continuo a crer em Alá, na sua bondade, que é maior do que todas as minhas dúvidas, maior do que o próprio Alcorão e do que Maomé...

Ao ritmo do meu humor, à noite acontece-me frequentemente de ficar longos momentos contemplando esta região magnífica, com os seus rios e o seu céu cristalinos, os seus vales de areia cercados de montanhas desérticas. Ao ver o sol se pôr, parece-me evidente que a lenda local tem toda a razão, quando afirma que o jardim do Éden estava localizado no Chate Alárabe...

E, por instantes, a vista desta beleza selvagem e pura acalma a minha tristeza, porque não posso acreditar que a natureza seja tão bela e que não haja um Criador.

Desse modo, ao fim de três ou quatro meses de reflexão, sinto-me obrigado, não sem amargura, a reconhecer que a minha fé foi fortemente abalada por este exame crítico. Se Alá existe – e creio profundamente que existe –, também estou igualmente convencido de que nenhuma religião pode atingir a verdade sobre este ser imenso e divino.

Nessas condições, já não tenho nenhuma chance de convencer Massoud e, ainda menos, de convertê-lo ao Islã. E também não pretendo comunicar-lhe as minhas conclusões, porque isto significaria a minha derrota. O simples fato de pensar no momento em que terei de confessar-lhe, depois de ter declarado tão corajosa e orgulhosamente a minha certeza e segurança, enche-me de confusão. Como digno representante dos Mussaui, como o meu pai, tenho horror de ser derrotado.

É neste momento que sinto algo pior do que a desonra: a vergonha de me ter enganado tanto, de ter acreditado de maneira tão segura naquilo que hoje me parece um engano, uma ilusão, uma maquinação. Fui enganado por algum sortilégio de que dificilmente me livro.

Para me salvar do naufrágio total do meu amor-próprio, agarro-me então à única esperança que me resta: a de levar Massoud à mesma conclusão que eu. Por isso, se eu conseguir persuadi-lo de que a sua religião também é um logro, estaremos no mesmo nível e, então, poderei confiar-lhe tranquilamente as minhas dúvidas sobre o Islã.

É a única maneira que vejo de conservar a afeição e a estima deste homem que, ao longo dos dias, se me foi tornando tão simpático.

Sendo assim, não entrevejo por agora a mínima hipótese de concretizar a minha resolução. Porque, concluindo, não só o meu conhecimento sobre o Cristianismo é bastante superficial, mas, sobretudo, conservo no fundo de mim mesmo um grandíssimo desprezo por esta religião. Embora a minha crença no Alcorão tenha ficado reduzida a nada, considero o Cristianismo ainda inferior a este nada. Por isso, não vejo como chegar a Massoud sem feri-lo, para lhe mostrar a inanidade da sua crença.

O chamado

Maio de 1987

Nessa manhã, acordo de muito bom humor, como se me tivesse curado de uma longa doença, aquela doença que durante estas últimas semanas pôs a minha alma num estado de abatimento e tristeza.

Respiro com bom humor este ar primaveril que condiz com o meu espírito alegre do momento, quando se aproximam os calores secos do verão, mas ainda suportáveis.

O que me deixa tão leve é o fato de, talvez pela primeira vez na minha existência, me lembrar de um dos meus sonhos. Eis o que nunca me aconteceu durante toda a minha infância: de fato, eu era extremamente ciumento dos meus irmãos e irmãs que, todas as manhãs, contavam os seus sonhos mais extravagantes! E eu não fazia parte deles, estrelas por um dia, os quais escutávamos avidamente vidrados em seus lábios, fascinados com as maravilhas da imaginação.

Tinha tanta raiva deles, que até fui consultar um médico para ter a certeza de que não tinha nada de anormal!

Finalmente, esta manhã, tenho a minha vingança sobre todos estes anos de humilhação fraterna: eis-me igual a todos, capaz de contar o meu sonho, e não importa qual! Como gostaria que os meus irmãos estivessem lá para assistir a este acontecimento excepcional...

Este sonho – lembro-me dele muito nitidamente –, portanto, coloca-me na margem de um rio, não muito largo, a apenas um metro dele. Na outra margem, há uma personagem com cerca de quarenta anos, talvez mais velha, vestida com uma roupa bege de uma só peça, à moda oriental, sem gola. E sinto-me irresistivelmente impelido àquele homem, desejando passar para o outro lado, para me encontrar com ele.

Quando começo a atravessar o regato, fico suspenso no ar, durante alguns minutos que me parecem uma eternidade. E receio até com algum horror não poder descer à terra...

Como tinha sentido que meu mal-estar aumentava, o homem da outra margem estende-me a mão, para ajudar-me a atravessar o curso de água e aterrissar a seu lado. Nesse instante, posso facilmente observar o seu rosto: olhos azuis acinzentados, barba rala e cabelos meio longos. Fiquei impressionado com a beleza dele.

Pousando sobre mim um olhar com uma doçura infinita, o homem dirigiu-me suavemente uma única palavra, enigmática, com um timbre de voz tranquilizador e convidativo: "Para atravessar o rio, precisa comer o pão da vida".

Quando, na manhã seguinte, acordo, esta frase incompreensível ainda está gravada nitidamente no meu cérebro, ao passo que o encanto do sonho da noite vai se enfraquecendo progressivamente. Para minha grande alegria – quase infantil por, finalmente, ter tido um sonho só meu –, com um sorriso nos lábios, já não sinto necessidade de procurar compreender o sentido dessas palavras misteriosas. Esse sonho é o meu tesouro, e isso é o que basta para me sentir feliz. Por isso, de modo nenhum desejo conhecer o seu valor real.

Quando abro os olhos, já não estou sozinho na caserna... Massoud regressou da licença e me cumprimenta tranquilamente com os olhos, a sorrir.

Depois, estende-me um livro, com a sua mão rugosa de camponês: "Eis o Evangelho", diz-me simplesmente. Cinco meses depois de eu lhe ter feito o pedido, ele acabou por se lembrar de mim!

E logo acrescentou, como que para antecipar as minhas críticas:

— Não se preocupe com o fato de haver quatro versões diferentes da vida de Cristo. Estes quatro Evangelhos descrevem o acontecimento de quatro maneiras diferentes.

É verdade que, para alguém não conhecedor como eu e, além disso, muçulmano e habituado à unicidade do Alcorão, aquilo parece mais uma aberração do que versões diferentes. Mas, naquela manhã, o meu humor está demasiado impulsivo para se deter neste pormenor. Além disso, a meus olhos, o Alcorão perdeu a sua credibilidade... Por isso, com impaciência abro o livro dos cristãos, precisamente na parte intitulada "Evangelho segundo João".

– Comece pelo Evangelho de Mateus... Para se começar, é mais fácil – aconselha-me Massoud por cima do ombro.

Que misterioso desígnio me levou a não seguir o seu conselho, quando levei o livro dos cristãos para a minha cama? Desafio, casmurrice, vontade de não me dobrar totalmente às ordens de um cristão, sobretudo em matéria religiosa? Desse modo, ao seguir a minha ideia, inicio imediatamente a minha leitura pela última versão, a do chamado João. Absorvido por minha obra, esqueço-me até de tomar o lanche e não me dou conta do passar das horas.

Quando chego ao capítulo seis, paro repentinamente a minha leitura, atordoado, no meio de uma frase. Tenho o cérebro em ebulição. Mais um segundo, e já penso que sou vítima de uma alucinação, volto a mergulhar os olhos no livro, no ponto exato onde tinha parado. Não há dúvida, não me tinha enganado...

Não sei por que prodígio, acabo nesse momento de ler exatamente estas palavras: "o pão da vida", precisamente as mesmas que ouvi no meu sonho, havia algumas horas.

Para compreender claramente, volto a ler devagarzinho a passagem em que este Jesus se dirige a seus discípulos, depois de ter multiplicado e distribuído alguns pães à multidão, ao dizer: "Eu sou o pão da vida. Quem vem a mim não mais terá fome...".

Então, ocorre em mim algo extraordinário, como que uma deflagração violenta que leva tudo à sua passagem, acompanhada de uma sensação de bem-estar e de calor...

É como se, repentinamente, uma luz deslumbrante iluminasse a minha vida de maneira inteiramente nova e lhe desse sentido. É a ideia que tenho de um raio... Mas é ainda mais que isso!

Tenho a impressão de estar embriagado, quando no meu coração surge um sentimento de força inaudito, uma paixão quase violenta e amorosa por esse Jesus Cristo de que os Evangelhos falam.

No mesmo instante, compreendo que o meu sonho da noite anterior era mais do que um sonho: sinto, muito nitidamente, que havia nele como que um chamamento ou uma mensagem pessoal que me era dirigida através daquelas palavras. Não sei exatamente quem as disse e também sou incapaz de exprimir o que este homem representa para mim, nem que sentido há em tudo isto.

Tudo o que sei é a alegria que este acontecimento provoca em mim. Tenho a certeza de que, doravante, a minha vida nunca mais será como antes.

Nos dias seguintes, tenho apenas uma ideia em mente: a de prolongar a minha embriaguez, de alimentá-la ainda mais pela leitura completa dos quatro Evangelhos. Tudo o que quero é conhecer este Jesus, ser inspirado pela maneira como vive, absorver até a última palavra que ele pronuncia, indignar-me com o que as pessoas dizem dele...

E, pela primeira vez, tenho a impressão de que se abre uma brecha no meu desprezo pelo Cristianismo. A partir de então, olho para esta religião, que eu considerava inferior, com outros olhos: sinto confusamente que ela encerra uma fonte pura de amor, de liberdade. Tantos favores e graças que, até então, estavam totalmente ausentes da minha prática religiosa.

Em vez de preceitos e obrigações formais, como a da oração cinco vezes por dia, as palavras do Pai-Nosso do Evangelho ecoam na minha cabeça e no meu coração como um bálsamo calmante. Se Alá fala como um pai que ama os seus filhos, se ele perdoa até os pecadores, então a minha relação com ele nunca mais poderá ser a mesma. Já não estou no domínio do medo, mas no do amor, como numa família.

Até o arrependimento, que, no entanto, existe no Islã, me parece aqui libertado de uma quantidade de condições e de deveres que fazem dele um fardo pesado.

Atualmente, misturam-se no meu espírito tudo o que o Islã me inculcou, que marcou a minha personalidade e os meus pensamentos, e esta maneira nova de considerar a fé, que – devo confessar – me seduz muitíssimo.

Desse modo, tenho na cabeça todos os nomes que o Alcorão dá a Alá. Conhecem-se noventa e nove: Eterno, Inconcebido, Único, Inacessível, Firme, Invencível, Glorioso, Sábio, Benevolente, Misericordioso, mas também Vingador...

Em contrapartida, também existe outro nome, o centésimo, que ninguém conhece. Mas eu tenho a impressão de que, hoje, descobri este nome misterioso e desconhecido de Alá: é o Amor.

Desde então, apaziguou-se em mim o meu espírito de conquista e a vontade de converter Massoud. Tenho um só desejo: poder um dia também comer deste "pão da vida", embora não compreenda bem o que é.

Entre todas as coisas novas que atualmente se me apresentam na ordem da fé, existem algumas que esbarram violentamente contra as coisas antigas. São, por exemplo, o estatuto de Jesus: entre os cristãos, ele é o Filho de Deus, o que, para um muçulmano, é totalmente impensável. Isso corresponderia a dizer que Alá é casado e tem uma mulher! Apesar das minhas incertezas em matéria de religião, não estou preparado para aceitar isso. Penso que os cristãos se enganam, Jesus não passa de um servidor, certamente ilustre, mas nada mais que um servo de Alá.

Para esclarecer tudo isso e sair da confusão em que mergulhei, desta vez não tenho alternativa que não seja abrir-me a Massoud. Portanto, preciso colocar o meu orgulho no bolso e confessar-lhe que perdi toda a confiança no Islã...

Por isso, como um rebentozinho envergonhado e, ao mesmo tempo, extasiado por poder comunicar a minha alegria, dou-me ao cuidado de contar-lhe a aventura extraordinária que vivi, há somente poucos dias.

Ainda sob o efeito do entusiasmo, saboreio o prazer de poder anunciar-lhe que, doravante, partilhamos mais ou menos a mesma fé neste Jesus. E, sobretudo, como uma criança que, em segredo, prepara um presente, delicio-me antecipadamente com a alegria que vou causar-lhe com esta boa-nova – é o que, pelo menos, imagino...

Contudo, não é o sorriso esperado que vejo aparecer no rosto de Massoud. Ao contrário, ele empalidece, o seu rosto permanece fechado e os dentes cerrados. Só a atividade intensa que lhe leio nos olhos me informa sobre que espécie de sentimento o agita. Nos seus olhos, vejo um medo próximo do pânico, que agita este homem robusto a partir do seu interior.

Decididamente confuso com o seu comportamento, não compreendo nada e interrogo-o com o olhar. Porque esta mudança nele se efetuou brutalmente, quando acabei de lhe contar da minha decisão. Inicialmente, ele escutava-me atentamente, dando-me até a impressão de que me encorajava com a sua atenção benévola.

No entanto, eu não disse nada de extraordinário nem de especialmente audacioso, a não ser a singularidade do meu sonho. Estava, precisamente, a dizer-lhe que tencionava anunciar à minha família a minha nova fé em Jesus Cristo.

– Você não entende! – explode Massoud. – Eles vão matar você...

Eu nunca o tinha visto assim. Está fora de si, parecendo ter perdido todo o controle dos seus nervos.

– Mas não é possível! A minha família me ama, não pode querer me fazer mal...

– Ouça, peço-lhe – diz Massoud, mudando bruscamente de tom. – Vai pôr sua vida em risco e também a minha. Neste país, não se pode mudar de religião sem mais nem menos. Sob pena de morte!

Nesse momento, tenho um lampejo de lucidez: finalmente percebi a razão de, no início do nosso encontro,

Massoud parecer tão reticente em me falar sobre sua fé, sobre a maneira como a vivia. Ele conhecia os riscos a que se sujeitava...

Mas, como ainda estou incendiado pelo fogo da minha recente leitura da história trágica de Jesus, respondo:

– Cristo também morreu e, depois dele, seus discípulos conheceram grandes perigos por o terem seguido. Li no livro que vem depois dos Evangelhos, os Atos dos Apóstolos. Afinal, por que não hei de fazer como eles, se amo Jesus Cristo?

– Mas Cristo não quer que você morra. Se acredita verdadeiramente nele, então implora a seu Espírito para que nos ilumine. Suplico-lhe novamente, acalma a sua exaltação, e me jure que não falará disso quando voltar para a sua casa.

Não tenho certeza de estar compreendendo bem a realidade do perigo de que Massoud me fala, mas a verdade é que não tenho escolha. Se quero realmente que ele me guie no caminho da fé, caminho que parece ainda mais atulhado de obstáculos relacionados com esse Islã que me ensinaram, sou obrigado a me dobrar ao pedido do único cristão que conheço.

Por isso, aquiesço contrariado a silenciar o que, doravante, vai constituir – eu bem sei – o novo motor da minha vida.

Apesar de tudo, atrevo-me, durante uma das minhas licenças seguintes, a quebrar esta regra, pelo menos parcialmente, indo apresentar ao aiatolá uma última questão, agora sobre o Evangelho dos cristãos. O que é que ele pensa?

A sua resposta: neste livro há coisas verdadeiras e coisas falsas ou que foram omitidas como, por exemplo, a chegada do profeta Maomé depois de Isa. E, o que é igualmente falso, que Isa seja filho de Deus.

Depois, o aiatolá conclui, pedindo-me que nunca mais vá falar com ele. "As suas questões – diz-me – são demasiado difíceis e bastante cansativas para mim. Em geral, as pessoas vêm consultar-me para saber o que é pecado, *haram*, e o que não é, *halal*, na sua vida de todos os dias. Por isso, põe de lado todas estas questões de teologia, porque são demasiado complicadas e, também, de nada te serviriam."

Nada disso me esclareceu, mas, pelo menos, aprendi uma coisa: doravante, é inútil procurar respostas mais avançadas na minha crença, no Islã.

Estou persuadido de que os quatro últimos meses que me falta viver no acampamento serão os mais felizes da minha jovem existência. Será consequência disso? Mas também passam a uma velocidade incrível.

Contudo, aparentemente, a minha vida de soldado parece absolutamente igual, na morna repetição das tarefas cotidianas que, é verdade, são muito pouco numerosas. É no meu interior que se opera a mudança e também no seio da caserna que partilho com Massoud.

Mas o que é novo é o fato de nos pormos juntos a orar, durante horas. Muito rapidamente, o meu companheiro me ensina o sinal da cruz e as orações mais comuns, o Pai-Nosso, a Ave-Maria, e a meditação do Evangelho...

Desse modo, com o meu guia, descubro a proximidade com Jesus Cristo, aprendo a dialogar interiormente com ele, num face a face de corações. Isso altera consideravelmente a minha visão da oração no Islã, em que o essencial do que retive consistia em observar as abluções, muito exteriores.

No seio da caserna, tudo se desenrola em voz baixa, para evitar que sejamos descobertos. É por isso que frequentemente escolhemos as horas das refeições, em que é menor o risco de sermos surpreendidos pelos outros soldados do regimento, que se limitam a ficar admirados por ver que um cristão e um muçulmano podem passar tanto tempo juntos... Felizmente, a sua curiosidade não chega ao ponto de levá-los a espiar-nos para saber de que se trata.

Qual não seria o seu espanto se soubessem em que consistiam as nossas longas conversas, durante as quais

Massoud usa de toda a sua ciência para explicar-me os mistérios da fé. A Trindade, por exemplo, impensável no Islã. Como fazer compreender a um muçulmano que os cristãos têm um só Deus e não três?

O meu companheiro utiliza imagens simples tiradas do seu bom senso de camponês, para se colocar no meu nível.

– Olha – diz-me ele. – É como o sol. Podemos percebê-lo de três maneiras: podemos olhá-lo diretamente, sentir apenas o seu calor ou ver o seu reflexo na água...

Fico admirado com a sua facilidade em falar das coisas de Deus; na verdade, não tive essas dificuldades com relação à fé. Porque, quando li a Bíblia, acreditei espontaneamente, naturalmente, como o teria feito uma criança, sem questionar muito. A fé me apareceu como uma evidência, embora tenha precisado de tempo para ver com clareza, para sair da confusão do meu espírito, enredado em tudo o que tinha aprendido antes.

Em compensação, fiquei muito mais espantado quando, um dia, verifiquei que o meu olhar sobre os que me rodeiam se tinha modificado, imperceptivelmente. Já não é tanto a superioridade devida à minha categoria social que rege as minhas relações com os outros soldados, mas o desejo de servi-los, de amá-los como Cristo os ama. Ainda que relativamente ao que me concerne, ainda me encontro apenas no campo das intenções, sem que esse belo sentimento tenha realmente um efeito prático!

Também na minha família, sinto com exaltação esse sentimento, para mim novíssimo, esse amor aos outros, recomendado por Cristo no seu Evangelho. Além disso, só tenho um desejo: partilhar com os meus familiares a alegria que está em mim, uma alegria tão grande que nunca antes conhecera!

Todavia, durante a minha primeira licença, fiel à promessa feita a Massoud, não deixo transparecer nada desse fogo que brilha interiormente. É tão doloroso como um desejo reprimido, e mais ainda quando chega o momento da primeira oração comum...

De fato, no meu entusiasmo de neófito, tinha-me esquecido desse pormenor da vida familiar que, agora, me é extremamente embaraçoso: o meu pai recebe frequentemente convidados para tratar de negócios na grande sala comum, onde todos se põem de pé para orar antes de começar a reunião.

Dessa vez, levanto-me ao mesmo tempo que toda a gente, como um autômato com reflexos bem solidificados. Mas, subitamente, tomo consciência de que estamos em oração. A confusão invade-me. De punhos cerrados, agarro-me à ideia de que vou mesmo orar como um muçulmano, quando essa religião já não tem nenhum sentido para mim.

Apesar disso, na minha infelicidade, tenho a sorte de que não oramos em voz alta. Por isso, basta-me fazer de conta, ajoelhar-me cinco vezes por dia como os outros, lendo a *Al-Fatiha* e a Surata 4 a cada vez que nos ajoelhamos. Mas até isso exige de mim um esforço considerável, para não ter de fugir apressadamente para longe desta comédia patética.

Quando a sorte me é favorável, chego por vezes a escapar a essa penosa obrigação, pretextando uma urgência ou ausentando-me da sala comum precisamente antes da oração. Mas nem sempre é possível.

Por isso, no momento de começar o ritual, tenho sempre um breve instante de repugnância, durante o qual me vejo capaz de desempenhar um papel, o papel de traidor. Traidor de mim mesmo, porque infiel à minha nova fé e também traidor à minha família, porque lhes minto sobre a sinceridade dos meus atos. Nesses momentos, tenho uma forte inspiração, para dar a mim mesmo a coragem necessária. E a prudência retoma o controle das minhas emoções...

Felizmente, a provação dura apenas oito dias, o tempo da licença, até que possa abrir-me com Massoud.

O que desejo é que ele me livre desse fardo pesado do segredo sobre a minha conversão. No meu regresso, abordo o assunto:

— Tenho um problema: não posso continuar fazendo aquilo...

— Fazendo o quê?

— Fazendo de conta que oro, como o resto da minha família, como se nada tivesse acontecendo! Além disso, na *Al-Fatiha* que eu deveria recitar, o Alcorão menciona que os transviados, quer dizer, os cristãos, não podem entrar no caminho de Alá...

Massoud reflete alguns instantes e me sugere uma solução:

— Durante a oração, só precisa invocar Jesus no fundo do seu coração. Mas, sobretudo — insiste ele novamente —, fica atento para que ninguém se aperceba de nada. Senão, já sabe a sorte que a charia reserva aos ímpios...

Sei muitíssimo bem disso e, quando acontece de me esquecer de tal fato por breves instantes que seja, Massoud lá está para me recordar. Começo a acreditar que ele não tem nenhuma confiança em mim, o que esfria um pouco o meu amor-próprio. A não ser que ele desconfie do meu ardor de convertido; então, só posso dar-lhe razão!

Mas Massoud conhece os homens e a arte de governar. Tantas vezes me recomendou atenção e prudência que a lição acabou por dar fruto. Aconselhado pelo meu sábio mentor, aceito entregar-me ao Espírito Santo que, diz ele, é um bom guia interior. Só tenho de lhe pedir que me indique o caminho a seguir.

Mas Massoud não se contenta em me aconselhar com palavras piedosas. No regresso de uma das suas licenças, sugere-me que saia dessa vida dupla que, a longo prazo, é insustentável:

— Ouve. Refleti muito sobre a sua situação. Até já falei com o padre da minha aldeia e, ainda, com a minha família. O melhor seria que viesse comigo para a minha terra, no norte. Bastará que mude os seus documentos e se registre como filho do meu irmão... – e, depois de certo silêncio, acrescenta, como camponês sensato – Poderá casar com uma das minhas quatro filhas, com a que quiser. Desse modo, entrará na comunidade cristã...

Sorrio diante dessa proposta, pensando que, independente de ser cristão ou muçulmano, continua a haver reflexos comuns a todos os habitantes deste país, para o qual o casamento é um assunto de família demasiado sério para ser deixado nas mãos dos principais interessados.

Mas, no fundo, estou preparado para tudo, para tornar-me cristão e, mesmo, casar-me, embora esta ideia ainda não me tenha surgido no espírito. O que mais desejo no mundo, o que atrai os meus pensamentos e a minha vontade é o batismo e, mais ainda que o batismo, a comunhão do "pão da vida".

Finalmente, o resto, quer dizer, o meio de lá chegar, tem pouca importância. Entretanto, como bom aluno, dobro-me à sugestão de Massoud de invocar o Espírito Santo, para ser guiado pelo bom caminho, embora ainda não esteja muito convencido de que a proposta do meu amigo seja o melhor para mim...

As semanas vão passando tranquilamente, ritmadas pelos tempos de oração e pelas discussões esporádicas sobre a fé com Massoud. Se não fosse a afeição dos meus pais, não seria preciso insistir muito comigo para que renunciasse à minha licença seguinte.

Lamento, sobretudo, ter de novamente mentir e dissimular os meus sentimentos profundos. E também não desejo recusar-me, uma vez mais, a dizer a meu pai o nome do comandante do campo, pois não deixará de me perguntar. Ao contrário dele, nessas condições, não tenho nenhuma intenção de abreviar o tempo do meu serviço militar!

Ao mesmo tempo, ele confia muito em mim: estes poucos meses passados o tranquilizaram um pouco quanto aos riscos que corro. É verdade que a zona de combates não está muito longe, mas, seja como for, não estou na frente e os bombardeios nunca ameaçaram o aquartelamento onde estou.

Quando regresso ao quartel, espera-me uma desagradável surpresa: a caserna está vazia! Não apenas Massoud não está lá, mas também os seus pertences desapareceram. Inquieto e apressadamente, dou a volta por todo o acampamento para tentar compreender o que se terá passado.

Já quase sem fôlego, acabo por saber, através de um soldado de plantão, que Massoud partiu, inesperadamente passado à reserva. Deve ter recebido a famosa carta que ele esperava havia nove meses. Foi o tempo que a administração do exército precisou para reconhecer o seu erro, no alistamento, e desmobilizar Massoud de um dia para o outro. Isso é bastante inusual nos costumes militares; mas isso pode explicar-se, diz-me o soldado experimentado, pela idade avançada do cristão.

É uma catástrofe. Massoud partiu sem me deixar nada, nem uma palavra ou indicação. E eu que imaginava a alegria de reencontrá-lo! Sinto-me abandonado, quase traído, em suma, muito só perante o desconhecido que doravante me espera.

Volto à minha caserna de cabeça baixa, sentindo repentinamente sobre os ombros todo o peso da escolha de vida que fiz, ao abandonar o Islã. Não que duvide da minha decisão um segundo sequer: a alegria do encontro com Cristo ainda está muito real em mim. Mas, agora que Massoud partiu, avalio o que significa viver contra a corrente, num ambiente familiar e social que não aceita a diferença religiosa.

Nos dias seguintes, deixo-me abater e fecho-me em mim mesmo, como que prostrado e sem remédio. E até as orações, que faço sem convicção, se tornaram penosas, porque o meu coração não está nelas.

Mas, depois, repentinamente, sem que eu saiba o porquê, o horizonte ilumina-se. A esperança renasce no meu interior: não, não é possível que Massoud me tenha abandonado dessa maneira! Ele, nunca! Depois de tudo o que vivemos juntos, os laços que nos unem são bastante fortes. Se ele teve de partir rapidamente, com toda a certeza virá buscar-me. Ele sabe onde estou e quanto preciso dele. Não me esquecerá: é só uma questão de tempo, o tempo necessário para organizar-se e preparar a minha chegada à sua aldeia. Assim, tendo me recuperado, agarro-me fortemente a esta ideia, para não cair no desespero.

A vida volta a ganhar novas cores, mas os dias e as semanas vão passando, demasiado lentamente neste calor sufocante do verão, sem me trazer uma única notícia de Massoud.

Ao fim de um mês, resolvo comunicar ao meu pai o nome do comandante, para que ele use as suas relações e obtenha a minha passagem à disponibilidade. O que realmente acontece em poucos dias, voltando eu para o domicílio familiar. Seja como for, Massoud conhece o meu nome e também sabe a minha direção em Bagdá. Será melhor esperar por ele junto da minha família do que neste campo sinistro, a que, doravante, nada me prende.

Solidão

Bagdá, inverno de 1987

Insidiosamente, a dúvida apoderou-se do meu espírito. Há já muitos meses que me integrei na grande casa familiar, e continua a não haver notícias de Massoud. Cada dia, cada semana que passa faz com que, lentamente, vá diminuindo a minha esperança de vê-lo reaparecer na minha vida.

Mas... e se, afinal, eu tivesse depositado demasiadas expectativas nesse cristão? Apesar de tudo, foi ele quem me aconselhou a prudência. Ou talvez, muito simplesmente, ele tenha tido medo, medo do perigo que represento para a sua tranquilidade, medo de que este xiita, embora convertido, que ele conhece há pouco tempo, ponha em perigo a família dele?...

Contra minha vontade, resigno-me lentamente a não esperar a minha salvação do meu antigo companheiro de caserna. Mas o que mais me espanta é verificar que, apesar desse abandono, permanece no fundo de mim uma alegre confiança que as contrariedades não alteram. Curiosamente, tudo se passa como se a minha conversão tivesse instalado duravelmente em mim a capacidade de resistência à ansiedade e, até, ao desespero.

Entretanto, não faltam provações. Ao fim de alguns meses, a vida cotidiana do clã Mussaui se tornou insuportável para mim, por causa de mentiras e de expectativas frustradas, como um veneno que, gota a gota, se infiltra nas minhas veias.

Mas não quero deixar-me abater. Se já não posso contar com Massoud, tenho de encontrar urgentemente outra solução para me livrar desse jugo que me oprime, agora que me apercebi da vacuidade e do absurdo.

Hoje, quando reflito nisso com algum distanciamento, pergunto-me o que conta mais para mim, Massoud ou Cristo? Será Massoud quem eu espero, com a sua amizade, com o desejo de reencontrar a nossa vida de oração, com toda aquela ambiência fraterna que vivemos, tão próximos pelo Espírito, durante quase nove meses? Ou o que mais espero no mundo estará para além desses laços tecidos entre nós e, agora, já frouxos?...

Com uma ponta de misticismo, misturado com fatalismo, acabo por convencer-me de que, se Massoud me foi tirado, foi certamente porque há uma razão superior, porque tudo isso tem um sentido, *Inch'Allah*. Talvez eu esteja mais ligado a ele do que à religião cristã, e preciso abandonar essa muleta para aprofundar a minha fé...

Depois de ter dado voltas e mais voltas pensando nisso, durante muito tempo, ao longo de meses, chego à conclusão de que preciso imperiosamente passar à ação, se realmente quero continuar a viver a minha nova fé. O meu antigo companheiro de regimento não volta? Não importa! Não tenho outra saída senão encontrar pessoalmente uma solução, para finalmente sair dessa vida sufocante.

Foi precisamente com Massoud que aprendi a gostar da oração comunitária. Anseio intensamente por reencontrar aquela ambiência dos meses benditos que passamos juntos! Também me apercebo de que, sozinho, a minha oração é muito frágil, como uma vela com a chama vacilante... Embora tenha ainda comigo aquele livro dos Evangelhos, isso não basta para me alimentar. Preciso que o fervor de outros crentes fortaleça a minha fé nascente.

No meu espírito é tudo muito simples: bastar-me-á bater à porta das igrejas de Bagdá e pedir o batismo. Imagino até que serei recebido, ali, de braços abertos e com honras pelo meu ato de coragem... Só que, na prática, as coisas são mais complicadas. Em primeiro lugar, necessito de conseguir afastar-me da minha família por tempo suficiente para ir e voltar do centro da cidade, uma distância de vinte quilômetros. É verdade que tenho grandes intervalos de liberdade, contudo só temo uma coisa: despertar suspeitas sobre as minhas atividades.

Prudentemente, esforço-me por espaçar tanto quanto possível as minhas escapadelas. Aproveito os momentos em que o meu pai está viajando e em que cada um está um pouco mais entregue a si mesmo, livre da tutela de ferro do chefe do clã Mussaui. Porque, quando ele está em casa, é difícil subtrairmo-nos a seu olhar de águia: vê tudo, atento ao mínimo pormenor e a que todos estejam ocupados com alguma tarefa comum.

Desse modo, passam-se semanas sem que consiga libertar-me. Quando, finalmente, surge uma oportunidade, agarro-a sem hesitações, estimulado pela longa espera. Mas, infelizmente, as minhas esperanças acabam uma vez mais em decepção.

Embora a cada nova tentativa me esforce por me encher de otimismo, a operação muda repentinamente de direção. Encontro, quase sempre, as portas fechadas ou, mais exatamente, sou eu quem faz com que me ponham para fora das igrejas.

No início, empurrava os portões dos edifícios sem pedir autorização, esperando que me acolhessem calorosamente como o filho pródigo! Mas, rapidamente, perdi as ilusões, esquadrinhado da cabeça aos pés por rostos fechados ou, até mesmo, hostis...

Depois de ter aguentado algumas recusas, depressa compreendi. Eu lidava com comunidades pequenas onde todos se conhecem. Por isso, era rapidamente detectado como estranho, aquele de quem se suspeita que venha espiar os cristãos, ultraminoritários neste país.

Como este método de aproximação fracassou, atualmente aposto na franqueza: ao entrar numa igreja, procuro sistematicamente falar com o padre, para pedir autorização para permanecer uns momentos nesse lugar sagrado. É mais cômodo, mas não muito mais eficaz...

Mas esbarro muito frequentemente em uma parede. "Quando se é cristão, continua-se cristão; o mesmo acontece com o Islã!", respondem-me friamente, quando anuncio a minha intenção de pedir o batismo.

Um dia, já cansado dessas idas e voltas infrutíferas, dos estratagemas empregados e do jogo duplo no seio da minha família, deixo explodir a minha cólera diante de um pobre eclesiástico que, como os anteriores, acaba de me mandar embora sem qualquer rodeio, provocando-o:

– Em nome de Cristo, atreve-se a me pôr na rua!

A minha reação deixa-o atônito.

– Temos ordens – diz timidamente, à maneira de explicação. – Não podemos deixar que os muçulmanos entrem nas nossas igrejas.

– E o senhor não pode fazer uma exceção só desta vez? Pergunte a seu chefe e diga-lhe também que esta é, pelo menos, a décima igreja que me bate com a porta na cara!

Tocado, sem dúvida, pelo entusiasmo que deve ter-lhe parecido sincero, o padre promete fazer o que pedi. Irá perguntar ao patriarca que supervisiona tudo o que concerne à vida dos cristãos aqui em Bagdá e em todo o Iraque.

Tomo esse compromisso como uma ocasião imperdível, talvez única, porque não tenho a certeza de que haverá outra. E por isso lhe confesso a minha firme intenção de voltar à sua igreja dali a algumas semanas, para saber a resposta do patriarca.

Durante os dias que me separam dessa nova tentativa, o moral não está nas melhores condições: o meu entusiasmo esfriou muito por causa dos fracassos e tento avaliar as minhas hipóteses de ser ouvido, não ousando, realmente, crer muito nelas... De um dia para o outro, o meu coração balança, alternando ceticismo com esperança tímida, que repousa numa única certeza, aliás bem tênue: a de conseguir afastar a desconfiança generalizada desses cristãos, contando a minha história com todo o ardor da minha fé nascente. Mas bastará?

Algumas semanas mais tarde, a decisão do prelado, tal como me foi referida, é uma autêntica machadada: "Não se pode sacrificar o rebanho inteiro para salvar uma única ovelha...".

Fiquei doente com aquilo. Há já meses que bato à porta dos cristãos que, invariavelmente, me recusam a entrada na sua comunidade por uma falta de coragem que me parece muito pouco evangélica.

Mas também descubro que se arriscam demasiado. Como me explica esse padre, mais compreensivo que os outros, mesmo no regime laico de Saddam, acolher um muçulmano numa igreja pode ser motivo de acusação de proselitismo. E, no Iraque, o proselitismo significa a morte não só para quem o pratica, mas também para o muçulmano que corresponde...

Compreendo essas razões, mas, no íntimo da minha alma, incendiado interiormente por um louco amor espiritual, não posso deixar de pensar nesse Cristo que não teve medo de arriscar a sua vida para anunciar a salvação aos homens...

Porém, as coisas são claras. Desespero-me para conseguir, um dia, derrubar esse muro, erguido entre o meu desejo de batismo e os homens de Igreja: só eles podem realizá-lo, mas recusam-se. Num último desafio à fatalidade, elaboro o projeto de me dirigir pessoalmente ao patriarca. Talvez ele tenha menos medo de me abrir a porta da Igreja...

Pelo menos a sua, não é fácil de encontrar: tive muita dificuldade em descobrir a sede do patriarcado, muito discreta naquele bairro administrativo. Sempre que lá vou, respondem-me invariavelmente que o monsenhor está em visita pastoral a Bagdá ou em deslocação pelo Iraque.

Esperando que essa pista seja frutuosa, do que já duvido, caminho ao acaso como uma alma perdida pelos bairros cristãos, na parte sul da cidade. Tenho a frágil esperança de poder relacionar-me com os grupos de cristãos no exterior, já que não posso fazê-lo dentro dos edifícios.

Infelizmente, a minha perseverança tem uma recompensa muito pequena. Quando, por felicidade, consigo entrar em contato com alguém, a conversa muda rapidamente... Basta-me pronunciar a palavra "muçulmano" para terminar a conversa, mesmo que tenha anunciado a minha intenção de tornar-me cristão. E nem sequer pensar num reencontro futuro!

De decepção em decepção, os meses transformam-se em anos e a minha busca de uma comunidade cristã não progride absolutamente nada. Durante esse período, o meu único refúgio continua a ser a Bíblia que Massoud me deu, de alguma forma o seu presente de adeus, e que guardo preciosamente.

Devorando-a às escondidas, passo longas horas encerrado na minha solidão, alimentando-me dessa Palavra que é a única que mantém vivo esse meu desejo do "pão da vida".

No decurso das minhas leituras, encontro muito frequentemente matéria para exprimir o que estou prestes a viver, embora tenham sido escritas há milênios. Em particular, gosto muito dos salmos do rei Davi, aquela alternância de consolações e desolações. Ao sabor das minhas caminhadas errantes pelos bairros de Bagdá, esses textos conduzem-me a meus sucessivos estados de alma, desde a minha paixão crescente por Cristo até a tentação, inconfessada, de abandonar as minhas investigações.

Até mesmo as frases do Evangelho parecem ter sido escritas para mim, como um convite à esperança:

"Felizes sereis, quando vos insultarem e perseguirem e, mentindo, disserem todo o gênero de calúnias contra vós, por minha causa. Exultai e alegrai-vos, porque grande será a vossa recompensa no céu; pois também assim perseguiram os profetas que vos precederam" (Mt 5,11-12).

Mas, paradoxalmente, o que me impede de cair totalmente no desânimo é Massoud. Ainda me lembro das suas advertências: "No Iraque, um muçulmano encontra fatalmente numerosos obstáculos quando quer introduzir-se numa comunidade cristã". Graças a Massoud, eu também tinha admirado a coragem dos primeiros cristãos e lido o relato das suas perseguições.

Por isso, apesar da evidência, proíbo-me de cair no desespero. Tudo o que encontro como recusa, rejeição e perseguição vêm, por fim, fortalecer a minha fé e confirmar que estou no caminho certo. O meu desejo extremo de encontrar Cristo me leva quase a sentir alguma alegria em sofrer assim por causa dele.

Por fim, há a oração, alimentada pelas minhas leituras e pelas recordações dos santos mártires. Oração a que procuro ser assíduo: sem ela, parece-me que não teria conseguido aguentar.

Nos momentos em que a minha oração é vazia, em que já não tenho nada que me convença a prosseguir, é a voz quente e lancinante de Umm Kulthum, uma cantora egípcia, que consegue comover-me e reanimar-me no corpo e no espírito. Sozinho no meu carro, a caminho do centro de Bagdá, acontece-me então que, com lágrimas nos olhos, canto, em alto e bom som, as palavras de amor de *Aghadan Alqak* [Amanhã estarei contigo]. Basta-me pronunciar essas palavras emocionantes para ficar arrepiado. Na minha boca, exprimem uma verdadeira paixão religiosa, que me enche muito mais do que um sentimento de amor puramente humano, de que, aliás, não tenho a mínima experiência.

O meu pai gostaria muito que me interessasse mais pelo amor ou, pelo menos, que sonhasse em casar. Já algumas vezes, durante estes últimos quatro anos depois do meu regresso do exército, houve algumas alusões, embora não tenha insistido. Mas vejo que isso o deixa infeliz, já que todos os meus irmãos se casaram e o seu filho preferido continua celibatário. Para que possa, um dia, retomar as rédeas dos Mussaui, preciso de uma esposa digna desse nome!

Mas o que meu pai não sabe é que só tenho uma ideia na cabeça: sair de minha casa o mais depressa possível, para poder viver publicamente a minha fé. Não sinto nenhum desejo de fundar um lar aqui, de suceder a meu pai como novo chefe do clã, mesmo que venha a ter poder absoluto sobre a minha família, juntamente com privilégios e riquezas incontáveis...

No início do ano de 1992, estou longe de imaginar o que me espera quando me dirijo à grande sala, precisamente antes de tomar o lanche, convocado pelo meu pai:

– Meu filho, tenho uma grande notícia a lhe dar: encontrei uma noiva para você!

Atordoado, começo a gaguejar uma objeção, mal conseguindo articular três palavras:

– Mas... Não tenho nenhum desejo de me casar já...

– Xiu! Seja como for, já paguei o dote, *al-mahr*, e sobretudo dei a minha palavra à família, portanto, agora é a minha honra que está em jogo: nem pense em recusar!

Assim, eis-me encurralado, sem nenhuma possibilidade de escapar. De um lado, se eu recuar, a minha atitude será considerada um insulto à família da noiva e provocará seguramente um conflito grave entre os dois clãs, do outro, não posso de modo nenhum confessar a meu pai a verdadeira razão por que não quero casar.

Ao ver a minha cara de espanto, o meu pai acrescenta com um sorriso malicioso, para me convencer:

– Ouça. Escolhi essa mulher porque é bom para a família; mas, se quiser tomar outra, faça como desejar! Nesse caso, esta será uma espécie de móvel no seu quarto...

E para terminar a discussão, com um ar imperioso, acrescenta que já organizou tudo: estou oficialmente noivo há um mês, as duas famílias já se entenderam, sem nenhuma preocupação em nos informarem, nem a mim nem à noiva!

Naquela ocasião, conta-me orgulhosamente o meu pai, eles ofereceram uma grande quantidade de joias e de produtos de beleza, conforme a tradição, para que a noiva esteja bela no dia das bodas. Que serão daí... a uma semana!

Pálido de raiva, mas impotente, só resta me submeter a essa paródia de casamento. Durante os poucos dias que precedem o evento, assisto como espectador, sem alegria, aos preparativos da festa em que serei o alvo de todos os olhares. Sinto uma tristeza capaz de rachar as pedras, emparedado na solidão sem poder confidenciar com ninguém... E o cúmulo é que nem sequer posso ver a que se assemelha a minha futura esposa!

Quando chega o dia, conduzem-me, como um autômato, em primeiro lugar aos sunitas que administram os tribunais civis. É então que vejo, pela primeira vez, a minha futura esposa: Anouar. É uma bela mulher sorridente, de vinte e quatro anos, com olhos e cabelos negros.

Anouar parece muito tímida, não ousando olhar diretamente para mim. Parece igualmente perturbada com as perguntas do juiz do tribunal corânico, que lhe pergunta, muito grosseiramente, se ela aceita o ato sexual, para constituir o contrato de casamento. Ela cora e eu fico perturbado por causa dela. A sua resposta demora, e o juiz vê-se obrigado a repetir a pergunta. A confusão aumenta até que sai da sua boca um "sim" cheio de vergonha.

Depois, apresentamo-nos diante do xeique, como exige a tradição xiita. A cerimônia religiosa, *al-Zaffeh*, realiza-se a norte de Bagdá, no grande mausoléu do imã Musa al-Khadim, o sétimo dos doze imãs venerados pelos xiitas e fundador, no século VIII, da minha grande linhagem familiar.

Depois, a noiva, enfeitada e vestida de branco, é conduzida e acompanhada entre os sons de festa por um longo cortejo de irmãs, tias e primas até o domínio Mussaui. Os homens, seus irmãos, ficam em casa, para significar que o casamento da sua irmã é um dia de vergonha para eles, porque um homem vai usufruir sexualmente da sua irmã.

No decurso da grande recepção mundana, que então começa, todos vêm felicitar o pai do noivo, grande senhor e o único verdadeiro rei da festa.

Entre as conversas, fico sabendo que as nossas duas famílias já têm uma ligação: um dos meus tios maternos, já falecido, casou-se com uma das irmãs de Anouar, que era muito mais velha do que ela. Durante o funeral do seu irmão, a minha mãe reparou nessa jovem e gostou dela, considerando-a imediatamente a noiva que me convinha. Meus pais estavam desesperados para que me casasse, pois todos os meus irmãos mais novos já estavam casados. Isso havia se tornado uma tarefa urgente para eles.

Então, a minha mãe fez o primeiro pedido à mãe de Anouar. Ela era viúva, e seu marido morrera de indigestão por causa de uma refeição abundante numa noite de Ramadã.

Nem é preciso dizer que o pedido foi aceito: desde os cinco anos, Anouar tinha sido destinada a um Sayyid, um nobre muçulmano. Promessa feita por sua mãe, depois de a sua filha ter sido salva miraculosamente de um incêndio doméstico. Esse compromisso motivou numerosas recusas aos pretendentes que se apresentaram para desposar Anouar, entre os quais havia um primo perdidamente apaixonado por ela. E, segundo a tradição, ele tinha prioridade sobre um estranho. Mas ele não era um Sayyid...

Com um sorriso nervoso e inexpressivo, não dou nenhum valor à minha sorte e aguento esse dia com ânimo fatalista, sem sequer poder ter a consolação de olhar para a minha esposa, em convívio separado com as outras mulheres. E penso amargamente: nem a mãe, nem o irmão, encarregado da família por morte de seu pai, pediram a opinião dela também.

Depois da partida dos convivas, quando me encontro com ela, pergunto-lhe se não está cansada, se está tudo bem. Ela me fala da sua inquietação diante do desconhecido dessa nova vida, mas parece um pouco tranquilizada com esse nosso primeiro contato. E conta-me que a sua irmã mais velha já me tinha descrito como um homem bonito e bom, com uma boa situação social e religiosa, além de uma fortuna que todos conhecem. Em suma, o que se chama de um bom partido...

Mesmo que me esforce por ser atencioso, não compartilho muita coisa com Anouar. E, muito menos, a minha fé, a única coisa que, verdadeiramente, me preocupa neste dia. E também imagino com tristeza que, a partir de hoje, ser-me-á extremamente complicado procurar uma igreja que me acolha.

Com efeito, a minha nova vida marital obriga-me a redobrar a prudência, não só quando decidir ir a Bagdá, mas também para ler a Bíblia. Rapidamente compreendi que, para a minha mulher, o Islã conta muito. Ela usa véu e, portanto, denunciar-me-ia à sua família se suspeitasse das minhas ausências ou se quisesse saber que livro é esse em que mergulho tão frequentemente.

Por isso, e para não levantar suspeitas, uma vez ou outra obrigo-me a assistir à oração familiar, embora me custe. De momento, moramos na grande casa paterna, mas, à medida que as semanas passam, tomo consciência de que não vou poder dissimular por muito mais tempo aos olhos da minha família e da minha mulher. Preciso encontrar uma solução para voltar a ter um pouco de liberdade de movimentos.

É o nascimento do meu filho, Azhar, menos de um ano depois, em 25 de dezembro, que me dá a ideia.

Aproveito a ocasião desse feliz acontecimento e ganho coragem para falar com o meu pai. Suponho que está muito bem-disposto, feliz com a chegada de um rebento masculino que perpetuará a linhagem:

– Sabe que esse nascimento muda muitas coisas na minha vida – ataco suavemente. – Desejo prover pessoalmente as necessidades da minha família: não quero viver às suas custas, como os meus irmãos que não fazem nada durante o dia! Preciso de uma casa independente para nós três! Deixa-me partir e comprar uma casa. Trabalharei, se for preciso...

Como já previa, o primeiro movimento do meu pai é recusar, dado que lhe é muito difícil ver uma parte da sua progenitura escapar a seu controle.

Mas, sem dúvida pressionado pela necessidade, surpreendo a mim mesmo aguentando firme. Não deixo que ele consiga me barrar com seus protestos. Sei que ele me ama, que tem confiança em mim. Então, perante a minha reiterada insistência, já exausto, o meu pai cede, um pouco para ter paz, um pouco também porque ele tem uma ideia em mente... Na verdade, ele tinha visto uma casa pequena ao fundo do caminho, que poderia comprar por bom preço e dar-me como presente. Assim, ele mantém a sensação de que nada lhe escapa e, ao mesmo tempo, aumenta o seu domínio.

Entretanto, a mudança para a nossa nova casa permite-me ter o espírito mais tranquilo para retomar as minhas explorações junto dos cristãos. Porque não perdi totalmente a esperança e, sobretudo, não vejo como poderei continuar a viver durante muito tempo nessa semiclandestinidade. De fato, como não tenho escolha, preciso conseguir encontrar um meio de viver a minha fé, mesmo que tenha de abandonar a minha mulher, se for preciso. Era, pelo menos, o plano que tinha até ao nascimento do meu filho. Agora, já não estou tão convencido da validade desse projeto...

Michael

VERÃO DE 1993

De tanto cruzar em todos os sentidos os bairros de Bagdá à procura de igrejas, começo a conhecer bem onde moram os cristãos. Embora a grande catedral do centro histórico pareça um pouco isolada ao lado do imenso *suq* – o mercado de rua –, os bairros mais recentes do sul e do sudeste foram progressivamente ocupados pelos cristãos mais abastados, atraídos por condições de vida mais agradáveis e mais calmas, enquanto os muçulmanos se agruparam mais para o norte.

É por isso que concentro cada vez mais as minhas buscas no bairro de Adorah, ao sul da cidade velha, onde a população é, na sua maioria, cristã.

Um dia, sequioso por uma hora de caminhada no meio da poeira, andando a esmo pelas ruas, entro casualmente numa loja para comprar uma bebida para matar a sede. Nesse pequeno supermercado, onde se vende de tudo, noto imediatamente um pequeno ícone da Virgem Maria dependurado na parede, por trás do vendedor. É um jovem de uns trinta anos. Começo a conversar, encorajado pela presença desse sinal claro de pertença cristã:

– Aqui, é raro ver imagens religiosas deste gênero – digo-lhe, apontando o ícone com o queixo. – É um belo retrato da Virgem.

Olhando para o preço da garrafa que lhe apresento, o homem responde-me abanando a cabeça, sem dizer uma palavra. Apesar disso, saio da sua loja com a sensação de que, talvez, haja ali, finalmente, uma pista mais séria do que as anteriores.

Depois dos meses e dos anos que já duram as minhas investigações, nunca encontrei uma afirmação tão tranquila da fé cristã. É verdade que a representação da Virgem não ferirá tanto a consciência de um muçulmano como a cruz que se encontra no alto das igrejas e que, de fato, simboliza a religião cristã. Mas, mesmo nesse bairro de maioria cristã, verifico que, em geral, os comerciantes não mostram a sua preferência religiosa, sem dúvida para não comprometerem seus negócios.

No caminho de regresso, tenho no fundo do coração como que uma lufada de esperança que me alivia repentinamente do peso dos meus infortúnios. Impaciente, só tenho um desejo: voltar lá na manhã seguinte, à primeira hora... Mas um reflexo de prudência, já bem consolidada em mim, dissuade-me disso. Quando chego em casa, prometo a mim mesmo que, quando for possível, voltarei à loja desse homem corajoso para tentar iniciar uma amizade com ele.

Foi realmente uma boa inspiração. Ao fim de quatro visitas, o rosto do comerciante desanuvia-se e ele me sorri. Eu progredi na minha aproximação...

Tentei incutir-lhe cada vez mais confiança, mostrando-lhe pelas minhas reflexões que também adiro à fé cristã. Já sei que se chama Michael, que sua família mora em Mossul e que vive sozinho numa pequena casa contígua à loja.

Essa informação não vai passar despercebida por mim. Ela irá facilitar a minha aproximação, porque ninguém virá perturbar as nossas conversas!

Na próxima vez, faço de tudo para chegar no final da manhã, precisamente antes do almoço, com dois pedaços de carne para a refeição. Ele aceita o meu presente sem grande dificuldade, convidando-me para sua casa. Rejubilando interiormente, verifico pelo seu piscar de olhos aprovador que fiz bem em levar carne de porco...

Na verdade, para colocar todas as chances do meu lado, precavi-me a ponto de escolher a carne de um animal impuro no Islã. Com esse pormenor, consigo ganhar a confiança de Michael. Pressinto que, doravante, ele está pronto para ouvir o que tenho a dizer-lhe.

Durante a refeição, a presença de um crucifixo no aposento principal me dá a chance de entrar no único assunto que me interessa verdadeiramente: a fé.

Michael começa por explicar-me que preferiu expor a Santíssima Virgem Maria em vez da cruz, no seu armazém, porque esta provoca reações violentas entre os muçulmanos: cospem no chão o seu repúdio ou insultam o comerciante. Por isso, explica ele, a maior parte dos crucifixos encontra-se no interior das casas dos cristãos e não nos seus locais de trabalho.

– Agora compreendo melhor – exclamo com vivacidade – porque sou alvo de tanta hostilidade da parte dos cristãos!

– Como? – pergunta-me intrigado...

Ao acabar de lhe contar a história da minha conversão e da minha longa busca posterior, exponho-lhe aquilo que, presentemente, é o meu maior desejo: entrar numa igreja e comungar o pão da vida!

– Suplico-lhe que me acompanhe até uma das igrejas do bairro – pressiono-o juntando as mãos. – Se eu for com você, que é conhecido na paróquia, terei certamente mais chance de ser aceito.

Tremendo, vejo, pelo canto do olho, a reação de Michael. Até aqui, ele me escutou sem me interromper, mostrando-se aberto e, parece-me, compadecido com as minhas provações. Mas, como eu receava, o seu rosto franze-se quando lhe faço essa proposta que ele considera arriscada. Em determinado sentido, compreendo-o perfeitamente: se a polícia acabasse por surpreendê-lo a acompanhar um muçulmano a uma igreja, seria a morte certa, tanto para ele como para mim!

Mas ele não diz que não. Demasiado inquieto ao pensar que ele poderia fechar-se completamente a meu desejo, despeço-me bruscamente, dizendo-lhe que brevemente voltarei a passar para saber notícias. E, acrescento interiormente, também para dar-lhe tempo de refletir...

De fato, é Michael quem, alguns dias mais tarde, me telefona para me propor que, no domingo seguinte, o acompanhe à missa na igreja de São Basílio. Enquanto coloco o telefone no gancho, durante uns momentos permaneço imóvel, cheio dessa alegria muda e calma, espantado por ver tão rapidamente surgir uma abertura num horizonte até aqui tragicamente fechado. Finalmente, os meus esforços começam a dar frutos!

Se eu não temesse chamar a atenção da minha mulher, ter-me-ia ajoelhado para agradecer a Cristo que, presentemente, ocupa todos os meus pensamentos...

Ao retomar a minha atividade, sinto que se apodera de mim uma grande excitação, quando penso que, pela primeira vez, vou assistir, durante a missa, ao verdadeiro sacrifício de Jesus imolado por amor dos homens. No meu espírito sobre-excitado, que nesse momento trabalha a toda a velocidade, já passei à etapa seguinte da minha caminhada, isto é, conseguir que Michael me permita acompanhá-lo todos os domingos à igreja!

No domingo seguinte, não compreendo nada daquilo: todas as palavras são pronunciadas em aramaico, uma língua muito diferente do árabe. Apesar disso, sinto nessa assembleia uma atmosfera espiritual indescritível que me aquece o coração e me consola das minhas misérias. Sinto-me levado pelo conjunto de uma comunidade, o que, para mim, é uma novidade.

Infelizmente, o comerciante cristão não tem uma prática regular. Uma vez por outra, ele "esquece-se" do preceito dominical para abrir a sua loja e pôr a funcionar o seu negócio. Porque, à sexta-feira, dia de oração para os muçulmanos, os clientes são raros. Por isso, dificilmente poderá deixar de abrir ao domingo, para equilibrar os seus rendimentos.

Perante a minha súplica de não me abandonar em tão bom caminho, Michael me propõe uma alternativa: irá falar com o seu pároco, o padre Koder. Se ele aceitar oficialmente que eu vá à igreja, já não haverá necessidade de o comerciante me acompanhar!

Na mesma semana, dá-se uma coincidência: as coisas desbloqueiam-se também da parte do patriarcado. Com o objetivo de insistir, monto o cerco a esse edifício moderno e muito vulgar, sem qualquer sinal exterior, e desta vez o porteiro me reconhece e desaparece durante alguns minutos fechando a porta. Depois, abre-a de par em par e afasta-se para me deixar passar. Sussurra-me que vou ser recebido, não pelo patriarca, mas por seu auxiliar, Monsenhor Ignace Chouhha.

Muito impressionado, sou introduzido num grande salão onde se encontra já o eclesiástico, de batina, tranquilamente sentado num cadeirão dourado e esculpido.

Sem conhecer o motivo da minha visita inesperada, ele avalia-me com o olhar e pergunta meu nome, pensando indubitavelmente que está diante de um cristão, cuja importância lhe seria indicada pelo seu sobrenome.

A pergunta apanha-me desprevenido e paralisa-me. E eu, que tinha preparado cuidadosamente uma pequena exposição da minha história, sou obrigado a ir corajosamente direto ao assunto, começando pelo fim, sem ter tido tempo para preparar o meu interlocutor. Por isso, fico mudo ao longo dos segundos que me parecem intermináveis. Depois, percebendo o ridículo da minha situação, inspiro profundamente e disparo:

— Chamo-me Mohammed, sou muçulmano e creio em Cristo... Quero ser batizado!

Enquanto pronuncio estas palavras, tenho a curiosa sensação de me lançar no vazio. O prelado salta da cadeira, vermelho de cólera, como que atingido por uma descarga elétrica. Inesperadamente, num aparente ataque de nervos, precipita-se para mim aos gritos: "Fora! Fora!", e, sem nenhuma delicadeza, empurra-me para a saída.

Quando ouço atrás de mim o estrondo seco da porta de entrada, sem que tenha pronunciado palavra alguma, as minhas pernas não se aguentam e caio a chorar na rua, chocado e acabrunhado com essa violência totalmente imprevisível.

O mais duro de aceitar é o fato de essa reação vir de um clérigo e, além disso, de uma das suas mais altas autoridades, quando o meu desejo mais querido é integrar essa mesma comunidade de crentes que é a Igreja! E dizer que do outro lado, na minha família, sou considerado um príncipe, chamado a suceder ao rei... Se não fosse trágico, até daria vontade de rir! Mas essa herança já não significa nada para mim: impor-me-ia uma religião sem nenhum valor a meus olhos.

Sentado no chão, estou aniquilado. Já não sinto em mim a mínima energia, o mínimo impulso para enfrentar o desânimo que se apodera inteiramente de mim, em ondas incontroláveis... Fico ali prostrado durante alguns minutos antes de, ao ver os olhares interrogativos, às vezes reprovadores de quem passa, decidir levantar-me e dirigir-me ao carro.

No regresso, os meus pensamentos estão vazios. No retrovisor, o meu rosto já não exprime nada. Com os braços retesados sobre o volante, agarro-me de qualquer maneira à única ideia que ainda me reconforta um pouco na minha confusão: "Se for a vontade de Deus"... Finalmente, pode ser que o meu lugar não seja lá, no seio da comunidade cristã, mas à margem, sendo então eu destinado a viver a minha fé sozinho e em segredo.

Quando chego em casa, devo ter um ar descomposto. A minha mulher Anouar fica a olhar para mim, com uma pergunta nos olhos. Mas, como tenho o costume de só responder de maneira concisa às suas perguntas, ela não diz nada. Acaba apenas por informar-me que um tal Michael telefonou algumas vezes ao longo do dia... Agarro imediatamente o aparelho, guiado pela intuição de que, talvez, a sorte não tivesse sido tão madrasta... E não me enganei!

O cristão informa-me com excitação que, a seu pedido, o seu pároco, o padre Koder, aceita receber-me hoje na casa dele. Não há dúvida de que, algures, deve estar escrito que o amor de Cristo conduz os que o seguem não só através de grandes provações, mas também de alegrias fulgurantes!

Por isso, algumas horas mais tarde, retomo o volante. A minha mulher não me pede explicações, mas sinto que está intrigada com essas idas e vindas regulares. Por agora, é o encontro dessa noite que me ocupa o espírito, com a recordação ainda dolorosa do meu encontro com o bispo auxiliar! Para temperar a minha esperança renascente...

Os meus receios esfumam-se desde o primeiro contato com esse simples padre de batina. Com uns quarenta e tantos anos, quem me acolhe, oferecendo-me uma chávena de chá, é um homem alto, dotado, segundo Michael, de uma personalidade forte, mas muito carismático. Sinto-o um pouco nervoso.

Entretanto, quando, no meio da conversa, lhe digo que sou casado, percebo muito nitidamente que se distende, que os seus naturais preconceitos a meu respeito se dissipam.

– Acontece muito frequentemente – expõe-me ele, sorrindo – de os muçulmanos pedirem o batismo por uma razão muito prosaica: poderem casar-se com uma cristã...

Portanto, o meu estado matrimonial o tranquiliza quanto às minhas intenções. Agora, diz-me ele, está impaciente por ouvir a história da minha conversão em pormenor, depois de um breve resumo que Michael lhe fez. Por isso, começo confiadamente...

À medida que vou avançando, percebo pelos seus amistosos acenos de cabeça que aquiesce no que vou relatando, que me leva a sério e que não serei novamente rejeitado. Finalmente, descontraio-me porque sinto que sou compreendido por um membro do clero! É um imenso alívio, como se me tirassem um peso enorme, a carga de ser o único a acreditar nesse chamamento que recebi.

Mas também não tenho certeza de que o padre Koder meça verdadeiramente o impacto extraordinário das suas palavras quando conclui, depois de ter-me escutado sem me interromper uma única vez:

– Estou convencido de que a sua fé é sincera. Por isso, pode vir à paróquia sempre que quiser.

Essas palavras correm em mim como mel. É um bálsamo tranquilizante que vem cobrir seis anos de recusas, de perseverança, de esperanças renovadas e regularmente decepcionadas. Com esse padre, é como se a grande Igreja, cujos contornos ainda não vejo muito bem, ratificasse presentemente a minha experiência de fé, a declarasse autêntica e me abrisse simbolicamente as suas portas através dessa permissão de frequentar a pequena igreja paroquial.

Conversão de Anouar

BAGDÁ, 1994

Assim, durante aquele serão histórico, aprendi outra informação capital: o meu casamento é um penhor de autenticidade na minha busca de fé. Devo dizer que é a primeira vez que vejo de maneira mais positiva essas núpcias arranjadas pela minha família.

Até agora, a minha mulher representava sobretudo um obstáculo no meu caminho para o "pão da vida", em direção a uma hipotética saída da clandestinidade. Diariamente, desconfiava dela, da sua piedade muçulmana. Tinha medo que ela se inquietasse com as minhas ausências e me denunciasse.

Também tinha resolvido deixá-la no momento oportuno, quando Massoud me viesse buscar, por exemplo. Embora não acreditasse realmente nessa eventualidade, ela ajudava-me a viver diariamente essa penosa dissimulação dos meus sentimentos mais profundos.

Foi o nascimento do meu filho Azhar, há dois anos, que mudou tudo. Contra todas as expectativas, prendi-me a esse ser pequenino, que nada tinha a ver com a história dos seus pais, com a hipocrisia que reinava entre nós dois. E, por consequência, também comecei a pensar no bem da sua mãe, que me deu aquele presente!

A partir daí, os dois ganharam espaço nas minhas orações, o que não era o caso anteriormente. Depois, nas minhas súplicas diárias ao Deus Altíssimo, peço-lhe insistentemente que, um dia, a minha mulher e o meu filho se tornem cristãos e possam ser salvos.

Mas, nesse quadro harmonioso do meu lar, tal como agora o vejo, há uma nota discordante: são as minhas ausências repetidas ao domingo, que ainda não tive o cuidado de explicar a Anouar para evitar as suas suspeitas.

Não suportando mais a mentira, deixei de fingir que orava diante dela. Levei a minha audácia a incitá-la a não jejuar durante o Ramadã, afirmando-lhe que eu não o fazia.

Deveria ter suspeitado que um dia ela me pediria explicações sobre minha estranha conduta..., ainda mais que, para ela, um Mussaui deve ser um modelo de piedade e de observância!

Nesse domingo, no meu regresso da paróquia do padre Koder, a minha mulher planta-se diante de mim, com as mãos nas ancas e um olhar mordaz:

— Você está se encontrando com outra mulher?

Habitualmente, finjo ignorar as suas perguntas, virando-lhe as costas às suas contínuas recriminações. Teria podido repreendê-la ou, até, ralhar-lhe, mas, desde o início, optei por ficar mudo às suas perguntas, para não trair o meu segredo.

Só que, nesse dia. Anouar não se contenta com o meu silêncio:

– Não o compreendo. Desde o princípio, é delicado comigo, mas o sinto distante, sonhador, como se alguma coisa o atormentasse. Não parece ser muito assíduo à oração e, além disso, mente para mim!

– Que isso que está dizendo?

– O seu pai e seus irmãos perguntaram-me onde você estava e eu julgava, ingenuamente, que estava com eles. Por isso, só vejo uma explicação: você tem outra mulher!

Fui apanhado desprevenido por esse ataque inesperado da minha mulher. Além disso, esta querela não corresponde minimamente a meu estado de espírito do momento, mais confiante e eufórico. Por isso, muito seguro de mim, acabo por despejar, de uma só vez, sem refletir nas consequências:

– Ouça, está enganada quanto às razões das minhas ausências. Eu não sou um Sayyid Mussaui como você pensa. Já não sou muçulmano, já não creio no Islã. Tornei-me cristão e vou à missa aos domingos! É por isso que estou tantas vezes ausente... Eis o meu segredo. Agora, já sabe tudo!

Detenho-me, um pouco inquieto com a sua reação. Penso que nunca vi ninguém se descompor tão rapidamente. Anouar foi como que eletrocutada. O furor roubou-lhe os traços faciais e deu lugar a tão grande incompreensão, a tamanha confusão perante essa situação, para ela absolutamente insensata, que, dessa vez, me vejo obrigado a apresentar-lhe algumas razões do meu comportamento.

Por isso, tenho de contar novamente a minha história, desde o meu serviço militar, da minha conversão, até as minhas buscas para ser aceito na Igreja, e também sobre meu desejo de batismo.

Enquanto falo, vou observando temeroso as suas reações, já consciente de que, expondo-me assim, estou arriscando muito: se ela for denunciar-me à sua família, ficarei em maus lençóis! Mas, tendo começado as confidências, já não posso recuar. Pensando bem, nem sequer estou arrependido de ter rebentado essa bolha de hipocrisia em que vivo há dois anos, no seio do meu lar.

Quando acabei de falar, com a satisfação do dever cumprido e da verdade restabelecida entre nós, rodo sobre os calcanhares para sair, envolto em boa consciência.

Na verdade, prefiro fugir covardemente a ter de aguentar uma cena em que serei o vilão... Mas, perante os riscos que corro com essa minha conduta, prefiro nem sequer pensar e guardar isso só para mim mesmo.

Por isso, quando voltei, não fiquei verdadeiramente surpreendido que minha mulher e meu filho se tenham ido embora com as suas bagagens. Tenho o tempo necessário para me interrogar sobre o seu destino, antes de um criado dos Mussaui relatar tudo o que aconteceu na minha ausência. Logo que saí, Anouar pegou o telefone para pedir ajuda a seu irmão. Ela quase gritava para que ele fosse buscá-la imediatamente, com o seu filho, e a levasse para casa dos seus pais.

Instintivamente, enfio a cabeça entre os ombros, como para escapar de uma forte tempestade. De fato, é verdadeiramente uma tempestade que espero ter de aguentar nas próximas horas, quando vir a família da minha mulher desembarcar em peso na minha casa para lançar o seu opróbrio sobre a minha conduta ignominiosa. A sua filha casou-se com um cristão, com tudo o que isso subentende no meio xiita: o horror, a catástrofe...

As horas passam, depois os dias, e nada acontece. Na madrugada do terceiro dia, vejo o horizonte desanuviar-se, muito feliz por ter passado através da tempestade. Ainda não sei como posso sair ileso dessa situação difícil, mas, por fim, parece que será melhor do que parecia. Adio por mais vinte e quatro horas e, então, decido passar à ação.

Enchendo-me de coragem, telefono a Anouar para lhe perguntar se posso encontrar-me com ela. Parece surpreendida com o meu telefonema, mas curiosamente pronuncia um sim!

Quando chego a casa da família dela, esforço-me por fazer boa figura, como se tudo fosse normal, isto é, uma simples zanga de casal. No fundo, estou receoso.

Tenho certeza de que eles já sabem tudo. Mas, para meu grande espanto, a minha sogra e o seu filho não deixam transparecer nada. É verdade que não me cobrem com uma onda de palavras de boas-vindas como habitualmente, mas sinto que estão mais ansiosos pela sua filha e irmã do que verdadeiramente furiosos comigo.

Aliás, benefício do lugar privilegiado de marido na sociedade muçulmana: tem todos os direitos sobre a sua esposa e, por isso, ninguém poderá nunca censurá-lo num conflito conjugal. Todos pensarão que ele é irrepreensível.

Um pouco tranquilizado, mas ainda tenso, consigo que me deixem sozinho com Anouar. Estou um pouco admirado por vê-la sorrir-me, por isso, sou eu quem tem dificuldade de balbuciar algumas palavras.

Mas as surpresas não haviam terminado. Quando ficamos um pouco isolados do resto da família, ela toma a dianteira e confessa-me sem cerimônias:

– Não disse nada a ninguém... Quando me disse aquilo, eu tive a impressão de estar vivendo um pesadelo:

foi como se tivesse recebido uma pancada violenta na cabeça. A princípio, perguntava a mim mesma se tinha perdido o juízo, mas tive de render-me à evidência: casaram-me com um cristão! No primeiro dia, eu estava de tal maneira atordoada, que era urgente que o dissesse à minha família. Era a minha intenção inicial, mas não havia nada a fazer: não sairia uma só palavra da minha boca...

Depois, Anouar revela-me que ficou sem comer nem beber durante três dias, fechada no quarto pequeno do segundo andar:

– A minha mãe ficou preocupada diante do meu aspecto descomposto e dos meus lábios ressequidos... Aconselhou-me a chamar um médico e suplicou-me que engolisse alguns goles de água de vez em quando... Nada feito.

Ela ficaria prostrada o dia inteiro e uma parte da noite, sem dormir, a olhar para o jardim pela janela, dirigindo-se a Alá.

– Só ele – prossegue – podia compreender o meu lamento, porque eu já não podia me confidenciar com mais nenhum ser humano. Pedi-lhe que me esclarecesse sobre a Verdade, sobre a religião verdadeira. Supliquei-lhe que me mostrasse o que devia fazer para sair desse abismo. Estava verdadeiramente desnorteada, queria desaparecer...

Fiquei estupefato de ela se ter perturbado àquele ponto.

– Mas isso não é tudo – diz-me ela. – No fim da terceira noite, esgotada e já sem forças, adormeci. Então, sonhei que estava em companhia de muitas pessoas, à volta de uma espécie de pão. Todos tinham belos rostos, sorridentes, mas vestidos de uma maneira muito diferente, como se vivessem em outra época.

Calo-me, esperando a sequência e convidando-a a continuar.

– Havia um lugar para mim naquela mesa; sento-me para provar do prato que me estendem, quando uma voz de mulher me interpela: "Lava as mãos antes de comer!". No meu sonho, volto-me – continua Anouar – e vejo uma belíssima dama que traz um jarro de água. Então, levanto-me, caminho para ela e ela derrama água para que eu lave as mãos e o rosto. Nesse momento, acordo com o rosto todo molhado...

Seriam lágrimas? Mas a verdade é que ela se sentiu tranquila, como se tivesse encontrado uma espécie de paz interior, como se, repentinamente, a tempestade se tivesse acalmado. Tinha fome e sede e pediu à sua mãe, surpreendida, que lhe preparasse um grande bule de chá!

– Então, você telefona – conclui ela – e surpreendi-me a sorrir para você, quando chegou. Agora, tenho pressa em reencontrar-te e que me fales do teu segredo.

Não encontro nada para acrescentar àquilo. Aliás, que responderia? Tenho diante dos olhos uma tão grande prova de amor, pois ela poderia ter-me entregado à sua família, à minha, a toda a sociedade... Isso me comove... Além do mais, de minha parte, tinha-lhe escondido a verdade desde o nosso casamento, sobre mim, sobre o que eu considero fundamental.

Custa-me acreditar que a crise se tenha resolvido tão facilmente! Por isso, é com a mesma simplicidade que lhe proponho que volte para casa com o nosso filho. Ela aceita sem a mínima hesitação, com um aceno de cabeça, como se nada se tivesse passado.

Na verdade, isso não é inteiramente verdadeiro. Algo mudou. Entre nós. O que mudou, foi ela, fui eu, foi essa pequena semente de confiança semeada entre nós dois, esse segredo que só a nós pertence e que, para sempre, nos liga mais do que quando nos casamos oficialmente.

À noite, fundado nessa confiança inteiramente nova, abro-me a ela, não sentindo nenhum fardo nem nenhuma restrição. Falo-lhe de mim, da minha fé e do meu amor por Jesus. Gostaria tanto de vê-la partilhar esse entusiasmo que me anima profundamente. Mas não quero forçá-la:

— Nada obriga você a me seguir na minha fé, quero que se sinta absolutamente livre. Mas, se quiser, a ajudarei, lhe mostrarei o caminho que já percorri...

De fato, tenho em mente o método de Massoud, que não funcionou nada mal comigo. Porventura, não daria também resultado com Anouar?

Sinto-a indecisa, desestabilizada com a minha proposta, dividida entre a sua fé muçulmana e a atração por Cristo, que lhe comunico. Ousará ela, por amor, dar mais um passo e começar a questionar a sua religião?

Perante a sua hesitação, avanço uma sugestão:

— Se quiser, pode começar por ler o Alcorão ou lemo-lo os dois juntos, como quiser, tentando compreendê-lo. Depois, mas só depois, decidirá qual religião lhe parece melhor. Mas não é obrigada a me responder agora.

Talvez a noite lhe seja boa conselheira e lhe permita vencer as resistências, digo para mim mesmo, enquanto oro interiormente para que ela faça uma boa escolha.

Na manhã seguinte, Anouar anuncia que concorda arriscar, embora isso lhe dê um pouco de medo. Também aceita que lhe sirva de guia nessa aventura cujo fim ninguém sabe... Decididamente, a minha mulher tem fibra!

A partir daí, esforço-me com zelo a pôr-lhe diante dos olhos os versículos corânicos que me pareceram mais espinhosos. Os que, por exemplo, falam da mulher. O meu objetivo é dar-lhe tempo a que reflita, evitando os meus comentários sobre essas passagens.

Desejo que seja ela própria a trabalhar no campo fechado da sua consciência. Foi assim que Massoud me deixou livre para escolher. É assim que quero proceder com a minha esposa.

Encorajo-a também a ler o Evangelho, que lhe cito a toda a hora, de tal modo que tenho a impressão de conhecê-lo de cor. E sinto que a chama do meu amor a Cristo a impressiona.

– O meu coração incendeia-se quando o ouço falar de Jesus – diz-me ela um dia. – Ao ouvi-lo, pergunto a mim mesma se não o terá encontrado fisicamente... Mas quando ouço a maneira como fala do Alcorão, o modo como o critica, fico apavorada...

É isso que é mais duro para ela: desprender-se daquilo que o Islã sempre lhe ensinou, nomeadamente daquilo que se diz sobre os cristãos. Tanto assim que precisará de uma semana para ter coragem de pegar no Evangelho, um pouco trêmula de medo: tenho o cuidado de fechar a porta do nosso quarto, antes de tirar a Bíblia de debaixo da minha camisa, presa com o cinto.

A partir desse momento, a paixão por esse livro nunca mais a deixa. Passa horas a ler sobre a vida de Jesus e sente-se apaixonada por esse livro que lhe fala de amor e de esperança.

O resultado é que, em menos de seis meses, Anouar acaba por deixar o Alcorão. Já não pode acreditar num livro que, afirma, trata tão duramente as mulheres.

Cúmulo da alegria para mim, ela pede-me que, uma ou outra vez, permita que ela e o nosso filho Azhar me acompanhem à missa, porque está curiosa por descobrir a comunidade dos discípulos de Jesus! E fala-me da sua surpresa ao ver que as mulheres são consideradas de maneira tão diferente da do Islã e, também, como são respeitadas.

Quando vamos de carro à missa, o seu maior prazer é tirar o véu e colocá-lo na janela, o que nos obriga a ter de comprar outro no regresso! Como não tenho problemas de dinheiro, fico feliz ao vê-la tão aliviada por tirar esse jugo da sua cabeça. Esse gesto é muito importante para ela: significa a rejeição da enorme carga que a sociedade muçulmana faz pesar sobre ela.

Para mim, também é uma bela prenda que ela me dá, ao permitir que eu consiga reunir a nossa pequena família à volta da pessoa de Cristo. Mas também sei, porque continuo lúcido e ela já me confessou, que não irá mais longe, pondo em risco a sua vida.

Porque ela sabe que, se for até ao fim nessa lógica de descrédito do Islã, terá de romper os laços com a sua família, para quem a religião e a vida social são uma e a mesma realidade. E nisso ela nunca tocará! Ela – que telefona para sua mãe três ou quatro vezes por dia para lhe perguntar como se condimenta um prato – não imagina como lhe será possível nunca mais poder ver os seus sete irmãos e irmãs, todos muito unidos, e ter de romper com a sua mãe.

No início da minha conversão, pensava ingenuamente que iria poder usar a minha influência sobre a minha família, especialmente sobre meu pai, para exortá-los a mudar de religião! Então, fora necessária toda a força de convicção de Massoud para me dissuadir de sequer tentar.

Desse ponto de vista, Anouar é muito mais realista do que eu sobre a possibilidade de mudar a ordem das coisas na sociedade muçulmana iraquiana. Ela sabe intuitivamente que sua mãe e seus irmãos e irmãs nunca porão em discussão a sua religião.

De certa maneira, o Islã também representa para ela a segurança que lhe dá a proximidade da família, segurança de uma vida bem estabelecida. Renunciar oficialmente ao Islã, àquilo que todos sabem e vivem, significa muito para a minha mulher: seria ter de abandonar as suas seguranças em favor de um desconhecido, cujos contornos ela ainda não discerne bem, mas que não cessa de inquietá-la.

Ao fim de vários meses, Anouar dá um novo passo. Diz-me que deseja ir comigo encontrar-se com o padre Koder, para que ele lhe fale das verdades da fé. Esses encontros regulares, que rapidamente se tornam semanais, fazem aumentar a nossa sede de compreender as coisas de Deus.

Pouco a pouco, o padre liberta-nos da nossa cultura islâmica que, frequentemente, falseia a nossa compreensão das Escrituras. Como na passagem em que Jesus recomenda que não se dê o pão dos filhos de Deus aos "cães". Nós, os muçulmanos – apesar de tudo, ainda somos muçulmanos –, vemos nessa palavra um insulto, uma invocação dos infiéis, e não tanto um incitamento a que progridamos mais na fé, em converter-se continuamente...

O padre Koder ensina-nos igualmente a sabedoria dos Padres da Igreja, com uma autoridade tranquila que nos deixa maravilhados e silenciosos, durante todo o trajeto do regresso.

Uma noite, Anouar quebra o silêncio meditativo, que se tornara hábito, para anunciar-me com a sua voz doce:

– Mohammed, escolhi Cristo...

Não tenho certeza de ter ouvido bem. Estará ela verdadeiramente anunciando-me essa notícia tão prodigiosa que eu esperava há já tanto tempo?

Durante esses dois anos, tinha imaginado o que seria nela um *status quo* religioso, em que sabia que ela se debatia, mas com o qual era incapaz de romper.

E, para não tornar a situação ainda mais dolorosa para ela, não ousava interrogá-la sobre a sua fé. Para mim, um pouco egoisticamente, bastava-me que Anouar me acompanhasse à missa, que ambos amássemos essa atmosfera religiosa e que ela participasse comigo nos encontros com o padre Koder. Não me sentia no direito de medir, incessantemente, o seu grau de apego ao Cristianismo.

Por isso, essas poucas palavras pronunciadas em voz baixa, nessa noite quente de verão, vêm perturbar o equilíbrio, embora instável, da nossa vida. Sobretudo, descobriram-me uma faceta da personalidade da minha mulher que eu ignorava. Fiquei até melindrado: apercebo-me de que, diante de mim, ela acaba de realizar aquilo de que me julgo incapaz: um ato de fé que se assemelha a um salto no vazio!

Tinha me beneficiado daquele sonho, da minha visão de Jesus, para efetuar a reviravolta de toda a minha existência. Mas não é o caso de Anouar. Contudo, ela tomou essa resolução que testemunha uma coragem fora do comum! Tenho quase a impressão de que, antes desse momento, não conhecia verdadeiramente a minha esposa...

Entretanto e aparentemente, a nossa vida cotidiana não se alterou verdadeiramente. À tardinha, continuamos as nossas idas e vindas, silenciando, perante as nossas famílias, as nossas intenções e o que nos anima. Embora o nosso lar esteja fortalecido, vai aumentando a distância em relação às nossas famílias, que parecem não ter percebido nenhuma mudança em nós.

E nós também nada fazemos para os tirar do engano.

Entre nós, essa perturbação fortaleceu, por um efeito de treino recíproco, a nossa exigência de uma vida cristã completa: desejamos ser batizados, o que o padre que nos acompanha não parece disposto a conceder-nos, sem dúvida com medo de ter de enfrentar a hierarquia. Quanto a mim, sou constantemente espicaçado pelo desejo de comungar que, em vez de afrouxar ao longo do tempo, se fortalece cada vez mais, à medida que arcamos com os fracassos. A ânsia de comungar esse pão da vida é de tal modo aguda, que estou pronto a tudo para lá chegar, até mesmo a roubar a Eucaristia, se for preciso.

Na missa, já me aconteceu de pôr-me na fila para comungar, com a cabeça inclinada, esperando que o padre não me reconhecesse. Mas, no último momento, saí da fila, incapaz de enfrentar o olhar dele...

Por isso, estimulado pela determinação da minha mulher e pela minha fome, comecei a procurar outras igrejas em Bagdá, suscetíveis de acolher favoravelmente o nosso pedido de batismo.

Um dia, após quatro ou cinco meses de buscas infrutíferas nos bairros antigos de população cristã da cidade, deparo com um convento de religiosos, num bairro mais moderno. Um pouco intimidado, toco a campainha da porta desse edifício moderno, de fachada modesta e encimado por um campanário sem cruz. Sou acolhido por um religioso com uma forte pronúncia estrangeira:

— O que quer? — pergunta-me abruptamente.

Em poucas palavras, torno a expor o meu caso, mas solicitando igualmente o batismo. Nova recusa.

— Isso não é possível. Tente em outro lugar...

Mas, dessa vez, não me deixo abalar, pois já tinha sido posto na rua muitas vezes.

— Não saio daqui enquanto não me explicarem claramente as razões dessa recusa.

— Ouça. Na verdade, agora não tenho tempo, tenho muito que fazer. Mas pode telefonar a outro irmão que está aqui há muito tempo. Talvez ele saiba responder-lhe melhor. Além disso, ele fala árabe...

Não se trata realmente de uma promessa, é apenas o início de uma pista. Mas é melhor que nada. Por hoje, decido contentar-me com esse número de telefone.

Na mesma noite, contato o religioso que me foi indicado, o padre Gabriel. Esforçando-me por ser suficientemente explícito sobre a minha experiência de fé, mas também ensinado pela experiência, mantenho-me um pouco vago e consigo, sem grande dificuldade, que ele marque um encontro na semana seguinte.

Seis dias mais tarde, um homem muito grande, já de certa idade, conduz-me à sua cela. É sobretudo o seu olhar luminoso que me impressiona. Os seus olhos azuis refletem uma bondade muito grande e, quando olha para mim, tenho a sensação de que, para ele, eu sou o homem mais importante deste mundo.

Possui os traços de um ocidental – diz-me que é originário da Suíça –, mas exprime-se em árabe com grande eloquência, melhor do que eu.

– Aprendi a gramática árabe – diz ele com um sorriso – e estou no Iraque há quarenta anos...

Logo de início, aquele homem suscita confiança e tenho a impressão de que não sou o único nesse caso. Atrás dele, por cima do crucifixo, estão algumas fotografias dele rodeado de crianças ou de famílias com rostos alegres e sorridentes, ou com religiosas.

– São quatro irmãs de uma família palestina, que moram ao lado do convento – conta-me ele em tom de confidência. – Nas outras fotos, pode ver famílias muçulmanas que me convidaram para a quebra do jejum, durante o Ramadã.

Não parece ter urgência em entrar no assunto nem me pergunta nada. Finge nem notar a minha impaciência.

Já não aguentando mais, aproveito uma pausa no relato das suas recordações para me atirar e defender a minha causa. Escuta-me de cabeça inclinada para a frente e olhos semicerrados. Só alguns acenos de cabeça aprovadores me dão a sensação de que me escuta com atenção. Se não fosse isso, pensaria que tinha adormecido...

Quando paro de falar, segue-se um longo silêncio durante o qual ele reflete, só perturbado pelo tique-taque regular de um despertador mecânico. Sustenho a respiração para não quebrar a sua concentração intensa. Contemplo com ansiedade o ritmo do seu sobrolho que se franze e desfranze ao sabor da sua reflexão. Como se pensasse nos prós e nos contras, procurando decidir sobre o que fazer em meio aos riscos e ao estado de necessidade em que me encontro...

Bruscamente, ergue a cabeça. Olha para mim com intensidade, fixamente, e diz-me silabando lentamente as palavras para que as grave no meu cérebro:
– Concordo em batizá-lo, mas antes é preciso instruí-lo sobre as coisas da fé.

Acolho essa declaração, verdadeiramente favorável, com alguma contenção, que nem suspeitava possuir. Terá sido, sem dúvida, a solenidade do tom de voz desse religioso; a menos que me tenha tornado cauteloso, por causa das contínuas decepções, temperadas pelo tempo e pela perseverança exercitada; ou então, muito simplesmente, a gravidade do momento.

A essa altura, talvez também eu tivesse a intenção de que a preparação para o batismo, feita com o padre Gabriel, não fosse desperdiçada! Ele nos impôs, com o nosso acordo, é claro, um ritmo intensivo de encontros: encontramo-nos com ele várias vezes por semana, em separado e juntos. Chega até a acontecer de ficarmos com ele quatro noites por semana em conversas intensas e densas, que duram longas horas, às vezes quatro ou cinco, sem intervalo.

Ao longo dessas sessões, vão-se tecendo com ele laços de amizade que não tínhamos com o padre Koder. É preciso dizer que aquele que, para nós, se torna rapidamente o *Abouna* Gabriel – ou seja, o "pai" – é um maravilhoso pedagogo da fé, que sabe usar a doçura e o tato para transmitir o seu amor a Deus.

Mas também está consciente do seu carisma e da influência que tem sobre seu próximo. Como homem sábio e prudente, vela escrupulosamente para que a fé que ensina se distinga bem do apego à sua pessoa, chegando a parecer severo e autoritário, frio e desagradável, quando pressente que há perigo de confusão. Chegou a tratar-nos severamente por o termos elogiado pela maneira como nos explicava o sacramento do batismo:

— Não me agradeça! Eu não valho nada... Sou apenas um instrumento nas mãos do Espírito Santo, nada mais!

E não posso dizer que esteja errado: estamos de tal modo presos a *Abouna* Gabriel que, ao domingo, mudamos de paróquia para ir à igreja contígua ao convento. É grande e pode acolher duzentas pessoas. Vamos em família, com Azhar, a quem ensinamos a fazer o sinal da cruz ao entrar na igreja.

Fatwa

Bagdá, junho de 1997

Com o passar dos anos, a grande prudência que tinha adotado com a minha família foi-se atenuando.

Embora eu tenha sempre cuidado para dissimular as minhas atividades noturnas e dominicais, deixei de simular que adiro ao Islã.

Em primeiro lugar, porque a longo prazo essa hipocrisia se tornou insuportável para mim. E também por causa do ritmo muito constante dos encontros com *Abouna* Gabriel nesses últimos tempos.

Foi-me praticamente impossível, por exemplo, às quintas-feiras, continuar a acompanhar toda a tribo até Karbala, situada a centenas de quilômetros a sudoeste de Bagdá, um santuário de peregrinação xiita que se levanta no local onde o imã Hussein ben Ali, neto de Maomé, foi assassinado.

Inicialmente, eu pretextava um encontro urgente, dores de cabeça, uma indisposição da minha mulher. Depois, já não alegava nada... Porque, rapidamente, essas desculpas falaciosas já não convenciam ninguém. Por isso, sempre que me perguntam, respondo que não desejo lá ir, que isso já não me interessa.

Com um pormenor importante: continuo a ser o herdeiro titular e a minha ausência nota-se mais do que qualquer outra nessa numerosa tribo dos Mussaui. Sobretudo porque, antes, que era a mim que frequentemente cabia a honra de conduzir o carro da família!

Por diversas vezes, sobretudo no início das minhas buscas em Bagdá, senti o desejo de me abrir com o meu pai. Sentia afeição por ele e não queria trair assim a sua confiança. Mas, como convencê-lo de que tinha escolhido o bom caminho, quando eu próprio era expulso das igrejas como um maltrapilho? Havia uma incoerência que eu nunca conseguiria explicar com argumentos sólidos. Por isso, renunciei, com pena, à minha intenção inicial.

Numa noite de verão, depois de termos estado com *Abouna* Gabriel, ao entrar em casa com Anouar, verificamos uma efervescência inabitual em casa, sobretudo nessa hora tardia, em que reinava uma espécie de leve pânico...

Ao ouvir-nos chegar, a nossa empregada precipita-se ao nosso encontro, totalmente apavorada. Às nossas perguntas ansiosas, responde chorando que, na nossa ausência, os meus irmãos vieram vasculhar a casa. Começo a compreender e inquieto-me pelos nossos filhos: o nosso filho Azhar e Miamy, a menina de apenas um mês. Chamei-lhe assim por desafio, porque a minha família me tinha imposto um nome árabe tradicional que não era do meu gosto: Maymuneh.

— A pequenina ainda está dormindo, mas Azhar acordou com o ruído — conta-me a criada. — Quando ele viu que eram os seus tios, começou a sorrir-lhes.

— E, depois, o que aconteceu? — perguntei-lhe, pressentindo que indubitavelmente havia ainda outra coisa para justificar as suas lágrimas.

— Depois, eles encontraram um livro, a que chamaram livro ímpio...

Apanharam a minha Bíblia. Embora eu a escondesse cuidadosamente atrás de outros livros muito mais apresentáveis.

— Há mais alguma coisa que me queira dizer?

— Há...

— Fala.

— Aproximaram-se de Azhar e perguntaram-lhe, rindo com ele, o que fazia todos os domingos com os pais...

— E, então?

As palavras quebram-se contra mim.

— É terrível — responde ela num longo soluço. — Ele respondeu fazendo no peito o sinal dos cristãos, o sinal da cruz!

Olho para a minha mulher sem dizer nada. Sou incapaz de reagir a essa notícia, carregada de ameaças para o futuro. Anouar conserva seu sangue-frio e manda a empregada sair, para que possamos combinar sobre a nossa conduta futura.

Acendo nervosamente um cigarro, deixando-me cair nas almofadas do salão. Na minha cabeça misturam-se todas as perguntas e não consigo fixar-me em nenhuma. Que fazer? Fugir? Mas sem saber para onde ir, é condenarmo-nos a errar indefinidamente... Pedir uma explicação imediata a meu pai? Seria reconhecer que estou errado...

Aliás, eu devia imaginar que, um dia, essa mentira de muitos anos iria explodir à luz do dia. E até ficaria aliviado, se não tivesse de estar inquieto pela minha mulher e pelos meus filhos. Vou ter de confrontar diretamente o meu pai – calculei eu – para lhes garantir uma vida quase normal.

Durante muito tempo, nessa noite, estendido na minha cama, remoo a situação em todos os sentidos, sem conseguir encontrar uma saída satisfatória. Acabo por soçobrar num sono agitado...

No dia seguinte de manhã, ao nascer do dia, sou despertado com pancadas repetidas na porta de entrada. Emerjo com dificuldade do meu torpor, para ouvir um dos meus irmãos me dizer que o meu pai quer falar comigo urgentemente, sobre um assunto importante.

Visto-me às pressas, ainda entorpecido pela minha curta noite. Quase nem tenho forças para me interrogar sobre a razão de estar me chamando tão cedo. É totalmente inabitual, mas não consigo ver imediatamente a ligação dessa situação com o que se passou na véspera.

Só quando subo a alameda que conduz à imponente casa paterna é que me ocorre essa ideia: e se o meu pai provocasse de propósito a explicação tantas vezes recusada? Mas, então, por que tão cedo?

Não tenho tempo de aprofundar a minha reflexão. Rodo a maçaneta da porta de entrada: ninguém! O irmão que me acompanha quebra o silêncio da nossa curta caminhada: o meu pai me espera na grande sala de recepção. Trata-se de um cerimonial! Por que é necessário que a conversa aconteça nesse lugar tão oficial?

A resposta não tarda. Mal tenho tempo de passar a soleira da porta. Numa fração de segundo, uma multidão de braços cai em cima de mim. Como uma violenta saraivada.

Instintivamente, ergo as mãos para me proteger. Já não vejo mais nada nem distingo os rostos. Sinto a chuva de pancadas e a minha incapacidade de lhes responder. Muito rapidamente, prendem-me as mãos nas costas com algemas. Os meus pés são presos com correntes. Uma voz forte ordena-me:

– De joelhos!

Fico petrificado, meu estômago se contrai de medo e meus joelhos tremem. Sequer tenho força para erguer a cabeça e ver quem são os meus agressores.

Para grandíssima surpresa minha, estão ali os meus irmãos, os meus tios e os meus primos, entre os quais Hassan, que é membro dos serviços secretos. Nunca tinha visto coisa igual! Apontam-me pistolas e metralhadoras. É uma verdadeira visão de pesadelo que tenho diante dos meus olhos, quase irreal. Mas também terrivelmente ameaçadora!

O meu cérebro roda a toda a velocidade, entra em pânico, recusando-se a compreender... De repente, apercebo-me de meu pai, que ficou um pouco atrás. Fixo nele um olhar suplicante: "Pai, o que está acontecendo? Por quê?...". Mas as palavras permanecem bloqueadas na minha garganta fechada. Em resposta, tenho somente dois olhos negros, que ele dardeja contra mim como raios fulminantes.

Repentinamente, o seu furor explode, descontrolado:

– O que está acontecendo com você? Tornou-se cristão? Está completamente doente! Percebe a vergonha que vai cair sobre mim, seu pai? Quando algum jovem se torna simplesmente sunita, os seus pais deixam de ter o direito de ir às nossas casas e às nossas mesquitas xiitas. E agora pensa: um filho cristão! Só me resta pôr um véu para sair à rua, como sua mãe...

A sua acusação atinge-me no coração, profundamente. Quero gritar-lhe a minha raiva, dizer-lhe que estou pouco me importando com sua reputação, para o que a boa sociedade xiita vai pensar! Se isso é o mais importante para ele, então já não temos mais nada a dizer um ao outro.

Mas me calo, porque estou numa posição de fraqueza, humilhante... Também sinto muito bem que nada disso é racional, que tudo pode explodir num segundo, nessa atmosfera sobrecarregada de tensão, de eletricidade.

Já não conheço aquelas pessoas. Imagino que os que estão armados estão prontos a puxar o gatilho ao mínimo gesto, à menor palavra enviesada. Sopra um vento de loucura sobre todos os que me rodeiam...

Até a minha mãe, a minha própria mãe, que acaba de aparecer na sala, vomita palavras de violência inaudita:

— Matem ele e o atirem no Basel!

Que posso dizer diante de tudo isso? Se for lançado a esse canal subterrâneo que serve de esgoto à cidade, o meu corpo desaparecerá completamente, como tudo o que cai no Basel. Desse modo, a minha mãe demonstra muito claramente que quer apagar todos os vestígios da minha existência, que quer suprimir-me da sua memória.

Estou absolutamente desamparado. Só posso resignar-me a morrer. Baixo novamente a cabeça, pronto para ouvir a sentença que me será fatal.

Os minutos escoam-se, intermináveis. Não acontece nada. Transpiro medo por todos os poros da minha pele. De repente, sem que nada se preveja, todos saem da sala, uns atrás dos outros, sem dizerem uma palavra. Como se tivessem percebido que tinham ido longe demais ou como se uma autoridade forte – a do meu pai? – os tivesse chamado à razão.

Agora estou sozinho na grande sala. Apuro o ouvido para escutar as discussões lá fora. Todos falam ao mesmo tempo; só percebo alguns fragmentos, frases, dos que elevam o tom e cobrem o burburinho confuso com a sua voz: "... que fazer com ele?... medo do escândalo... podemos nos livrar dele em segredo... Nadjaf...".

Todos os meus sentidos estão em alerta, tento reconstituir o quadro, mas não percebo nada de bom no que ouço! Não compreendo o que tem a ver o mausoléu de Nadjaf com essa história. Terceiro lugar santo do Islã xiita, situado a duzentos quilômetros, é também o centro do poder político xiita neste país. Significará isso que vou ser apresentado às mais altas instâncias? Eu não pensava que o meu caso era tão grave...

Ainda me interrogo, quando umas mãos se apoderam de mim para me colocarem no porta-malas de um carro. Arrancam velozmente. Os pneus chiam. Sou sacudido para todos os lados, ao ritmo dos buracos da estrada sem asfalto e dos amortecedores gastos. Com as mãos ainda amarradas atrás das costas, não posso de forma alguma amortecer os choques.

De repente, o carro diminui e segue uma marcha mais lenta. Devemos ter entrado na estrada nacional. A hipótese de Nadjaf parece confirmar-se...

Mas por quê? Na escuridão do porta-malas, entro em especulações sem fim, e todas me conduzem a uma conclusão quase certa: a morte. Não vejo como poderia sair dessa armadilha preparada por meus familiares. Já esperava que, um dia, rebentasse o conflito com a minha família, mas não tinha avaliado a vergonha que representaria para eles a conversão de alguém da família, fosse quem fosse!

É a única explicação plausível para o ódio que se abateu sobre mim nessa manhã: o medo do escândalo público. Se a minha mudança de religião vier a ser conhecida, a minha família pode perder tudo: a sua honra, a sua consideração e a sua posição na sociedade xiita...

Também não posso esquecer-me de que a eliminação dos apóstatas é uma regra praticada desde o aparecimento do Islã, retomada nos *hadith*,* por vezes em prejuízo – como é o meu caso – do amor que une os membros de uma mesma família.

---

* Corpo de leis, lendas e histórias sobre a vida de Maomé. (N.E.)

Em suma, acabo por concluir, talvez com fatalismo, que essa mesma pressão social e religiosa permitiu-me viver mais algumas horas: eliminar-me perto da casa familiar comportaria um risco certo, caso alguém visse. E, portanto, suscitaria perguntas...

Mísera consolação para quem, mais hora menos hora, iria morrer! A única coisa que me importa agora é ter de morrer sem ser batizado! E uma questão ou, antes, uma incoerência no plano divino que não consigo compreender: ter vivido tudo isso para nada ou quase...

O carro para brutalmente. Ao ouvir as portas baterem, espero o pior e começo a orar como se tivesse chegado a minha última hora. Mas nada acontece...

Espero alguns minutos, com a respiração quase bloqueada, os ouvidos atentos à escuta do mínimo ruído que pudesse dar-me uma indicação sobre o decorrer dos acontecimentos. Mas nada acontece...

A angústia se apodera da minha garganta. Para enganá-la, começo a mexer ligeiramente os braços, imobilizados pela posição extremamente desconfortável. Passa mais ou menos uma hora, interminável...

De repente, ouço passos a aproximarem-se. Saio imediatamente do meu torpor com os nervos tensos. Sem nenhuma delicadeza, os mesmos braços, os dos meus irmãos, fazem-me sair do porta-malas. Sou empurrado para o exterior. Então, reconheço os dois minaretes dourados que ladeiam o mausoléu de Ali. Estamos realmente em Nadjaf.

Mas nem sequer tenho tempo de me extasiar com a beleza dos lugares; sou conduzido, com dureza, ao edifício situado ao lado, em cujo interior me aguarda uma surpresa: estou na presença da mais alta autoridade xiita no Iraque, o aiatolá Mohammed Sadeq al-Sadr.[2] Uma personalidade de primeiro plano, que justifica esta viagem.

É um homem muito reto e também muito direto. Encontrei-o há muito tempo, quando ele pregava vigorosamente numa sexta-feira à noite na mesquita com a espada na mão, para juntar o gesto à palavra audaciosa! Hoje, temo sobretudo que ele enterre imediatamente a sua espada nos meus rins... Porque, se o meu pai recorreu a esse homem tão influente, que é uma referência em situações delicadas, não foi certamente para receber dois ou três conselhos sem importância.

Portanto, o meu caso é grave, terrivelmente preocupante ou até o mais difícil, dado que necessita da intervenção do maior aiatolá deste país. Estou com medo, tremendo, preparando-me para comparecer diante de um tribunal de exceção, antes de ser executado.

---

[2] Pai de Moqtada al-Sadr, chefe das milícias al-Mehdi. Foi morto por Saddam Hussein, juntamente com dois dos seus filhos, em fevereiro de 1999.

Mas, afável e cheio de mansidão, o aiatolá começa por pedir que me tirem as correntes. Ninguém se mexe. Ele não insiste. Durante uma dezena de minutos, ele põe-se a fazer o elogio do Islã e da sua grandeza, ao mesmo tempo que rebaixa o melhor que pode o Cristianismo, desprezível a seus olhos.

No final do seu discurso, que não me impressionou nem um pouco, peço a palavra com uma segurança que surpreende até a mim mesmo:

– Escutei-o atentamente. Que prova tem de que sou cristão?

– E os livros?

– Tenho outros livros na minha biblioteca, de poesia, de geografia, de medicina... O que não faz de mim um poeta nem um médico! Isso me interessa, gosto de me instruir, nada mais.

– E o sinal da cruz que seu filho fez?

Olho para os meus irmãos que me rodeiam, os seus rostos estão duros, fechados. Tenho a impressão de que se vingam da primazia que tenho tido sobre eles, durante todos esses anos. O ódio deles contra mim não me espanta: o meu desaparecimento relançaria especulações sobre a sucessão do chefe dos Mussaui. Aliás, ele iria protegê-los de uma eventual vingança da minha parte...

Embora acorrentado, desprezo a superioridade momentânea e circunstancial deles, a superioridade dos fracos:

– Não é um argumento válido – retruco, subitamente inspirado. – Desde há muito que os meus irmãos têm inveja de mim. Podem ter inventado essa história para se apoderarem da minha herança...

Sinto que semeei a dúvida no meu interlocutor. Doravante, já não está tão seguro de conhecer a verdade. Então, o aiatolá pega meu pai pelo braço e afasta-o do grupo para uma nova deliberação.

Novos suores frios. Na sala, a tensão é perceptível. Durante uns vinte minutos, não se ouviu sequer uma palavra entre os meus irmãos e os meus primos. Todos nós esperávamos o veredicto.

Então, Mohammed al-Sadr pronuncia-o:

– Se se confirmar que ele é cristão, será preciso matá-lo e Alá recompensará quem executar essa *fatwa*.

Inesperadamente, começo a respirar melhor. Mais levemente, como se me tivessem tirado um peso das costas. Para mim, essas palavras significavam uma prorrogação, um adiamento da aplicação da sentença fatal.

Conduzem-me imediatamente ao carro, sem quaisquer discussões. Metem-me de novo no porta-malas. Suponho que tomamos o caminho inverso em direção a Bagdá.

No meu sarcófago móvel, recordo o diálogo surpreendente que acabara de ter lugar. Espanto-me com as respostas que me surgiram, pertinentes e repletas de oportunidade, que nem parecem minhas. Sobretudo, fizeram com que o próprio aiatolá se dobrasse. O que é estranho, dado que sou habitualmente muito lento e nada bom como orador.

Não tenho dúvida alguma: fui inspirado pelo Espírito Santo. Devo a ele por ainda estar vivo. E, talvez, também um pouco a meu pai...

Porque foi ele quem, esta manhã, canalizou a fúria dos meus irmãos e primos, mandando-os sair da sala e, provavelmente, orientando-os para a arbitragem de Mohammed al-Sadr.

Foi ainda meu pai, Fadel-Ali, quem discutiu com o aiatolá sobre a sanção a adotar a meu respeito, preferindo um aviso sério a uma imediata condenação à morte.

Daqui deduzo que o meu pai não queria realmente a minha execução. Quis meter-me medo para que eu regressasse aos melhores sentimentos para com o Islã, a um pensamento religioso mais conveniente.

Apesar das aparências, tenho dificuldade em imaginar que tenham desaparecido bruscamente todos os vestígios do seu apego a mim. Mas até me saí bastante bem, embora ainda ignore que sorte me está reservada.

A provação

AL-HAKIMIEH, BAGDÁ, JUNHO DE 1997

Quando, duas horas mais tarde, o porta-malas se abre, já é noite. Estou praticamente só, com o meu primo dos serviços secretos, num imenso parque de estacionamento. O resto da família tinha desaparecido.

Diante de mim, um grande edifício branco de três andares, cuja largura vai crescendo de baixo para cima, o que faz com que se pareça com um barco. Reconheço-o perfeitamente: a prisão mais terrível de Bagdá, tristemente célebre, onde Saddam Hussein encerra todos os seus opositores (políticos, curdos, xiitas), os prisioneiros de guerra e também os grandes criminosos, antes de serem julgados e enviados para a outra grande cadeia, Abu Ghraib.

Antes do embargo internacional, era a prisão dos estrangeiros. Hoje, é ainda a sede do tribunal dos serviços secretos da polícia, Jihaz al-Muhkabarat [al-Amma], um lugar de torturas e de execuções sumárias.

Compreendo melhor por que razão o meu primo Hassan, membro dessa polícia secreta, é o único que está comigo nesta noite.

A sua presença não é das mais amistosas, dado que consiste, sempre com a mesma frieza, como se fôssemos estrangeiros, em conduzir-me ao interior do edifício para entregar-me aos homens de uniforme. Devem tratar-se de outros membros dos serviços secretos, porque trocam entre si sinais de conivência de que sou excluído.

Para eles, sou mais um prisioneiro a se juntar aos milhares de outros detidos nessa prisão sinistra. Daqui em diante, estou entregue a mim mesmo. O meu primo foi-se embora, sem me dizer uma palavra. Embora a noite esteja morna, tremo de frio, enquanto examino os guardas inquieto. A minha sorte está retida em seus lábios. Sinto-me fraco, impotente, abandonado por todos.

Contudo, a humilhação ainda está no seu início. Primeiro, ordenam-me com rudeza que tire todas as roupas. Todas. Nunca me proporcionaram um local isolado para evitar que exponha a minha nudez diante de todos. Engulo a minha vergonha perante o olhar indiferente dos homens armados. Depois, entregam-me uma roupa remendada e bem gasta.

Em seguida, mandam que me sente a uma mesa e apontam para um papel que devo preencher, com os nomes do meu pai, da minha mãe e com o endereço de onde moro. Só então, dirigem-me diretamente a palavra, num tom seco:

— Agora, esqueça seu nome, passará a responder apenas por número 318.

– E se não me lembrar?

Devemos ter ultrapassado o tempo permitido para falarem diretamente aos prisioneiros. Sem qualquer explicação, um dos guardas escreve o número no meu antebraço e venda meus olhos. Enquadrado por dois colossos de mãos poderosas, sou conduzido por um labirinto de corredores. Entramos num elevador rangente. Novo labirinto. Antes de chegar a um aposento, mandaram-me retirar a venda.

Estou numa cela pequeníssima, com menos de dois metros, revestida de vermelho vivo, com uma janelinha e uma lâmpada encastoada atrás de uma grade. A porta de ferro, pesada e espessa, é fechada, emitindo um som de pancada seca que me assusta. No meio dela, há uma pequena abertura para fazer passar uma tigela.

Esgotado pelas emoções vividas, desabo no chão. Adormeço quase imediatamente, mesmo no chão duro, com um sono pesado e agitado.

No dia seguinte, sou despertado pela luz do dia, logo cedo. Tenho a impressão de ressaca, como se tivesse bebido durante toda a noite da véspera: cérebro embotado e com uma dor na testa... começa, então, uma longa espera, só perturbada quando, desdenhosamente, me estendem um prato de sopa através da pequena fresta.

Nessa cela minúscula, a cor escarlate não me leva ao otimismo. Pelo contrário. Ela oprime-me, encerra-me, angustia-me. O sol de verão dá-lhe, espaçadamente, reflexos resplandecentes, quase cortantes. Ao longo das horas que se desfiam lentamente, a minha imaginação se solta, perde o controle. É o meu próprio sangue que se estende diante dos meus olhos, ali na parede. Apavorado, tenho a sensação de que posso ler nela o meu futuro.

Na maior parte do tempo, a espera é dolorosa. Gostaria de ser libertado da sorte desconhecida que me espreita, agachada na sombra, ameaçadora. Mas até a própria dor se esvai, conduzindo-me à apatia. Perco a noção do tempo. Só a janelinha por onde vejo uma nesga de céu ainda me liga à sucessão dos dias e das noites.

Ao terceiro dia, ouço ranger a fechadura com três voltas. A pesada porta abre-se, puxada por dois guardas. Interrogo-os com o olhar, para sondar as suas intenções e preparar-me para o inevitável. Mas os seus olhares estão desesperadamente parados. Tenho de segui-los passivamente, de cabeça baixa, como um cordeiro levado para o matadouro.

A propósito de matadouro, trata-se mais de um curral. Espantado, entro noutra cela também pintada de vermelho vivo, com o mesmo tamanho que a anterior, mas onde já estão dezesseis detidos!

Os meus guardas perguntam-me se reconheço alguém neste aposento e, tranquilizados com a minha resposta negativa, empurram-me lá para dentro e fecham a porta.

No silêncio que se instaurou à minha chegada, vislumbro cada um dos presos. É com eles que vou partilhar os poucos centímetros quadrados a que tenho direito. Percebo aqui um vago sorriso de boas-vindas ou acolá uma curiosidade misturada com alguma hostilidade; a maior parte dos rostos está resignada e quase não me dão atenção.

Esforço-me por encontrar um lugar sem incomodar os outros ocupantes, quando um deles me pergunta o nome. Endireito-me altivamente e digo com voz forte: "Sou um Mussaui de Bagdá!".

O patronímico aristocrático xiita ecoa como um raio na pequena cela sobrepovoada. Então, todos os olhares se voltam para mim e olham com interesse. Verifico, com uma pontinha de satisfação, que até neste lugar repugnante o poder da minha tribo ainda me vale respeito e consideração. Talvez ainda seja a minha última dignidade, mas, nessas circunstâncias, agarro-me a ela como a uma boia, para não soçobrar no desespero.

– Número 318!

A voz grita do exterior esta ordem imperiosa que refreia imediatamente o resto do meu orgulho. Suspirando, sou reduzido à minha humilhante condição e dirijo-me para a porta, sob os olhares apiedados dos meus companheiros de prisão. Mas não fico de modo nenhum tranquilo com essa comiseração.

Escoltado por dois guardas de galés, descemos ao subsolo por uma escada. A cada contato entre nós, os carcereiros aproveitam para me dar algumas cotoveladas nos lados e no ventre. Recebo-as, abafando alguns gritos de dor.

Lá embaixo, os meus temores crescem ainda mais quando me vendam os olhos. "Agora" – penso eu – "chegou a minha hora". Portanto, minha vida vai terminar nos subterrâneos desta prisão infame...

Mas os homens que me rodeiam parecem ter outras intenções. Ouço que alguém remexe num armário, depois, aproximam das minhas mãos uma fita de vídeo e dossiês para que possa tocá-los.

– Eis as provas da sua culpa – explica uma voz seca diante de mim. – Mas, se nos confessar tudo o que sabe, talvez possamos ser clementes.

– O que eu fiz? – pergunto-lhe num fio de voz.

– Sabemos que frequentou algumas igrejas e que esteve com alguns cristãos. Que igrejas? Quem são os cristãos? Onde moram? Quem foi o primeiro cristão que ousou dirigir-lhe a palavra? É isso que queremos saber. Se nos disser, será considerado apenas uma testemunha e deixará de ser culpado... Fala!

Não respondo nada, refletindo a toda a velocidade, espicaçado pelo medo. De um lado salvo a minha pele; mas, de outro, se lhes entrego os nomes deles, ponho em risco toda a comunidade cristã no Iraque. Nesse momento, vem-me subitamente à memória uma frase de *Abouna* Gabriel: "Ao pedir o batismo, põe em risco não só a sua vida, mas também a dos cristãos que tiverem correspondido ao seu pedido". E não tenho nenhuma vontade de sacrificar aqueles que se me tornaram queridos pela fé comum.

Respiro fundo e, por fim, retruco a quem me obriga a esse interrogatório:

– Não conheço nem cristão nem igreja...

A resposta não deve ter agradado aos dois homens colocados atrás de mim. Chovem pancadas. Murros, bofetadas, pontapés. Desmorono debaixo da violência que se abate sobre todas as partes do meu corpo. Com as mãos ainda amarradas, não tenho como me proteger.

Enrodilho-me no chão, respirando entrecortadamente. Toda a minha carne pede clemência, mas não descerro os dentes. Num lampejo de lucidez, esforço-me por voltar o rosto para o chão, para protegê-lo das grosseiras botas dos guardas.

O suplício dura uma boa dezena de minutos; depois, os meus torturadores param, praguejando e bufando. Agarro-me a esse pequeno intervalo e espio as suas reações. Em poucos minutos, tornei-me receoso, como um cão batido que vigia a chibata do seu dono e implora com os olhos a sua compaixão.

– Dê-nos nomes! Quem são esses cristãos com quem se encontrou?

– Não conheço cristãos...

Um dos carrascos sai da cela. Passam-se cinco minutos. Tento retomar a respiração e auscultar mentalmente as minhas feridas. Na brutalidade dessa avalanche de pancadas, a minha venda deslocou-se. Com um olho posso ver o que se passa à minha volta.

Com terror, vejo reaparecer o segundo guarda com um longo pedaço de cabo elétrico na mão, com uma espessura de pelo menos dois ou três centímetros. O homem ri-se quando olha para mim, com um aspecto horrível. Parece louco, com uma loucura assassina, bestial, como que embriagado pela crueldade do seu ato.

Todos os meus músculos se retesam, à espera do primeiro choque. A dor é atroz, desumana. Arranca-me um grito que vem do fundo das minhas entranhas, cujo eco se repercute até o infinito no labirinto de celas e corredores sombrios. Mas sei que, nesse lugar lúgubre, não posso esperar nenhuma ajuda Por isso, calo-me.

Mas o meu silêncio aumenta a cólera do meu carrasco: o meu mutismo atua nele como um farrapo vermelho. E enfurece-se contra mim, redobrando o vigor.

O mesmo interrogatório musculado acontece todos os dias ou quase, durante cerca de três meses. Raramente fico mais de três dias sem ir às profundezas da prisão para sofrer o meu calvário.

Enquanto vou descendo a pé os vários andares, suplico ao Espírito Santo que me dê a sua força, sabendo muito bem que eu deveria voltar a subir esses mesmos degraus de gatas...

Curiosamente, ao fim de quatro ou cinco chicotadas, a dor atenua-se, até desaparecer totalmente. Como se o meu cérebro, saturado de sofrimento, se recusasse a reconhecer a minha dor. Ou será por costume?

De qualquer maneira, isso me ajuda a manter o meu mal a distância. Um dia, consigo ter coragem para interrogar o meu carrasco, que bufa de tanto me bater:

– Por que me bate assim? Sabe quem sou?

– Eu só faço o meu trabalho – replica-me ele, sem nenhum remorso.

Resposta terrível, em que me inspiro para também ter coragem para segurar a minha língua, para não dar a meus torturadores o que desejam e, assim, trair os cristãos de Bagdá que me ajudaram.

O meu trabalho é manter o silêncio. Isso me permite suportar tudo – é a consciência de ser um miraculado ainda em vida, depois de ter sofrido a pior das degradações. Moral e socialmente, já caí de muito alto: a traição da minha família, a *fatwa* do aiatolá... Aguentei-me por virtude de uma força desconhecida, de que eu nem suspeitava. E não vou agora fracassar diante da tortura física.

Assim, o meu espírito mantém-se firme. E, como que por magia, atenua as consequências das pancadas recebidas. Mas o meu corpo lembra-se bem delas ao longo dos dias seguintes. São esses os momentos mais difíceis, em que a dor lancinante se torna aguda, insuportável. A custo me mantenho de pé nessa cela minúscula, paralisado, cheio de dores musculares, como um velho antes do tempo.

O meu único alento provém da recordação da vida dos mártires, lida depois da minha conversão. Não me lembro precisamente de cada um desses relatos, mas conservei uma convicção, uma só, mais preciosa que um diamante nestes dias malditos: "Ninguém se torna cristão num tapete de rosas".

Agarro-me a essa ideia de que há um preço a pagar e, quanto ao que me diz respeito, esse preço não é nada barato... Nas minhas orações, certas frases do

Evangelho vêm-me à mente sem parar. Estão entre as raras que conseguem captar a minha atenção esgotada: "Sereis odiados por todos, por causa do meu nome" (Lc 21,17) ou, ainda, "Não penseis que vim trazer a paz à terra; não vim trazer a paz, mas a espada" (Mt 10,34).

Paradoxalmente, essas sentenças terríveis ajudam-me a aguentar, dão-me conforto. Para mim, são o sinal de que não me enganei no caminho. No fundo, não estou longe de desejar esse martírio que provaria definitivamente o meu apego a Cristo.

Mas, ao mesmo tempo, sinto regularmente cólera perante a injustiça da provação que suporto. Uma cólera que, por vezes, chega ao desejo de assassínio... O desejo de matar os meus torturadores sobe em mim como um fogo e invade-me inteiramente. Para desculpar-me desse pensamento, sonho que, agindo assim, teria pelo menos a satisfação de justificar a violência de que sou objeto.

Os interrogatórios interrompem-se repentinamente, sem razão. Ainda tremo, dia após dia, a cada barulho do outro lado da porta. Passada uma semana, permito-me novamente ter esperança de sobreviver a essa adversidade terrível. É verdade que, ao preço de grandes sofrimentos, mas isso também me enche de um sentimento real de gratidão!... Isso atenua a dor das minhas contusões negras.

Contudo, ainda não cheguei ao fim das minhas penas.

Doravante, vou ser confrontado com outro sofrimento, mais cruel porque psicológico, provavelmente mais duro ainda que a provação física: entregue a mim próprio, encerrado à distância de um dia e, por um período indefinido, nessa cela de que nunca saio.

Daqui em diante, os meus inimigos chamar-se-ão o isolamento, a fome e a sujidade, também aumentados pela ausência de qualquer perspectiva de mudança da minha condição.

Quando, há três meses, fui detido, nem sequer tive tempo de tomar um lanche. Desde então, tenho fome. Tenho constantemente essa sensação que me atazana, que orienta cada um dos meus pensamentos. Só penso no ritmo do meu estômago e do alimento trazido pelos guardas.

Apesar de a palavra alimento parecer pouco apropriada para qualificar essa lavagem morna que nos servem todas as manhãs, que deveria ser uma sopa. E que sopa: deve tratar-se da água usada para cozer o arroz, mas sem arroz dentro! Por causa do sobrepovoamento da prisão, é provável que os cozinheiros, obrigados a alimentar toda essa gente, tenham escolhido claramente esse prato mais econômico...

Ao meio-dia, a sopa é de cor amarela. Deve ter servido para cozer frango; e, à noite, a água vermelha faz pensar em tomates. Em suma, embora não tenhamos o conteúdo, ao menos, as cores dão-nos a ilusão de um cardápio variado.

Completamente esfomeados, nessa cela, organizamos um sistema extremamente rigoroso para dividir da melhor maneira possível o magro alimento que nos trazem, sem criar tensão.

Quando, por exemplo, se trata de um quinhão de pão, até as migalhas são contabilizadas. E quando – num dia feliz! – temos direito a alguns pedaços de frango ou de carne de vaca, não sobra nada, depois de uma divisão minuciosa, nem sequer os ossos... Talvez um pedacinho de osso escape à partilha e sirva para remendar as nossas roupas, completamente gastas.

Para beber, temos de nos refrescar com água do chuveiro que, durante as refeições, aquecem de propósito, até quase ferver. Suprema tortura para os grandes criminosos contra a segurança do Estado iraquiano!

Na verdade, não tenho animosidade contra os meus companheiros de prisão. Mas também não sinto nenhuma afinidade especial com eles. Em mim, as privações e os vexames somam-se à desgraça de não poder falar das acusações que me fazem. Os outros não se privam de contar, em alto e bom som, as suas patifarias e de vangloriar-se dos seus crimes. Então, calo-me, esforçando-me por me manter afastado e participando pouco nas discussões, embora me puxem para elas.

Aliás, encontro-me numa prisão política, onde estão encerrados ministros, oficiais militares, alguns dos quais já condenados à morte. Por isso, é muito provável que as conversas desses criminosos de Estado sejam vigiadas, sobretudo quando a discussão é sobre o regime político.

E, quando abordamos questões religiosas, sinto-me ainda menos levado a dar a minha opinião. Poderia alguma vez dizer a meus companheiros de cela, tanto xiitas como sunitas, que discutem infinitamente sobre quem é o sucessor do profeta Maomé, se Abu Bakr, para os sunitas, ou se Ali, para os xiitas?

Por isso, mantenho-me em silêncio, com medo de proferir palavras excessivamente duras sobre o próprio Profeta.

De resto, já desafiei a sorte, quando afirmei publicamente que não podia orar num local tão sujo e que, fosse como fosse, um Mussaui ia diretamente para o céu! Isso me permitiu manter-me afastado durante a oração, sem incorrer nos raios dos wahhabitas, a corrente sunita mais radical. Noutras circunstâncias, essas palavras teriam sido a minha sentença de morte. Aqui na prisão, o seu poder é limitado e o nome Mussaui lhes impõe respeito. Por isso, deixam-me em paz.

Esse isolamento pesa sobre mim, mas também tem uma virtude positiva: permite que aprofunde a minha fé.

Até ao presente, tinha vivido em combate, com o único desejo de que me batizassem. Toda a minha energia se concentrava nesse objetivo, e considerava um obstáculo a transpor tudo o que se lhe opusesse. Mas aqui, nessa pequena cela, não há clero a convencer nem família contra quem lutar. Agora não posso agir...

Como única liberdade só me resta a de falar interiormente com Cristo. De outro modo, nunca teria experimentado tão grande intimidade com ele.

Desse modo, tenho a sensação de tornar-me alguém muito próximo dele, sem que a minha provação acabe por alimentar-se parasitariamente desse encontro íntimo. Ao contrário: as dificuldades ultrapassadas só fortalecem a minha adesão ao Filho de Deus, também ele sofredor, que, assim, torna-se a minha única ajuda e força.

Mas a prática da oração, mesmo interior, não é fácil no meio dos meus companheiros de cela. Durante o dia, temo sempre que me traia a mim mesmo quando murmuro a Ave-Maria ou ao fazer o mais discretamente possível o sinal da cruz. O que, para meu terror, já me aconteceu diante de um dos detidos que, felizmente, não percebeu o sentido desse gesto.

Por isso, aproveito a noite para orar e suplicar que possa viver até o batismo e comunhão. O que me faz aguentar é essa certeza, contra toda a evidência humana, de que um dia terei direito a esse privilégio.

Os meses passam e ensinam-me a dar cada vez mais liberdade a essa exploração. Esse diálogo interior chega a levar-me a considerações audaciosas, em que considero essa solidão uma espécie de escola da fé, um centro de treino para os soldados de Cristo.

Imagino que estou aqui em convalescença, para curar-me dessa doença que consiste em não conhecer Cristo. Quanto a mim, essa doença tem um nome bem preciso: o Islã, que me autorizava a matar, a mentir pela minha fé... Graças à prisão, parece-me que refaço a minha saúde espiritual: o que, antes, não tinha valor – a paz, a mansidão – se tornou agora virtude essencial para mim.

Paralelamente, a minha saúde física não cessa de degradar-se por efeito de uma higiene de vida deplorável.

Além de comer pouco, também não durmo o suficiente. Com dezesseis na cela, revezamo-nos por escala para que cada um possa estender-se um pouco e tentar adormecer. O resto do tempo fico de pé, posição muito desconfortável a longo prazo. O menor movimento para me desentorpecer pode incomodar o meu vizinho.

Um dia, já de pé, descobri no fundo da cela um local desocupado: trata-se de um pequeno muro que encobre um pouco o canto onde fazemos as nossas necessidades naturais...

O cheiro é insuportável, mas é o único lugar um pouco isolado do aposento. Portanto, à noite, fico de pé ou aninhado nesse pequeno muro, e um pouco afastado do grupo, o que me permite orar mais facilmente.

É nessas condições muito penosas que os meses do ano se sucedem, na morna repetição dos dias, sem que nada venha perturbar a minha espera interminável. Que posso desejar? Não tenho nada a esperar: nem processo justo nem mudança das condições de detenção. É essa ausência total de perspectivas que consome mais, ainda mais do que a tortura física. Por isso, havia alguma coisa contra que lutar. Mas como posso bater-me contra o tempo que passa?

Pela pequena janela, posso divisar o departamento dos passaportes. Passo longas horas a contemplar esse edifício do exterior, sonhando que ele se transforme em hospital, onde os doentes seriam bem tratados com uma pessoa em cada cama.

A única distração nos nossos tristes dias é o clima, objeto de comentários diários. Já estou aqui há nove meses e já vivemos as temperaturas abafadiças do verão, depois, o grande frio do inverno, muito curto. Com o mês de abril, é o regresso do calor que se anuncia, talvez ainda mais difícil de suportar do que o frio, por causa da densidade da nossa cela.

Um dia, ao passar a mão à volta do pescoço para limpar a umidade, sinto algo de anormal, um inchaço bastante volumoso na base do pescoço.

Não é doloroso, mas isso me preocupa. Pressinto que não devo estar com boa saúde. Após dois ou três dias de indecisão, verifico que também tenho dificuldade de respirar. Quando o enfermeiro, que passa duas ou três vezes por semana gritando, se aproxima da cela para saber se há doentes, respondo com uma voz angustiada que o número 318 pede consulta ao médico da prisão.

– Deve ser tireoide – anuncia-me o homem de bata branca, com um tom indiferente, quando me preparo para vestir-me.

– É grave?

– É preciso fazer radiografias complementares...

Apesar da minha insistência, não consigo mais nada...

O homem reconduz-me à porta e previne-me de que, nos próximos dias, devo ser levado ao hospital.

Cada vez mais cuidadoso com o meu estado de saúde, sou obrigado a abandonar-me nas mãos do médico da prisão, embora esse médico não me inspire grande confiança.

A propósito, anoto uma informação que não é nada tranquilizadora, quando subo para a balança: agora peso cinquenta quilos, mas, antes de pôr os pés nesta penitenciária, pesava uns cento e vinte... Sou uma sombra de mim mesmo.

Quando chegou o dia, vendam-me os olhos. O furgão blindado transporta-me até ao estabelecimento de saúde mais próximo.

Tinha depositado algumas esperanças num tratamento mais humano no interior do hospital, mas desiludo-me muito rapidamente. Obrigam-me a entrar com a venda que trazia e envolto num cobertor para dissimular a minha identidade aos olhares indiscretos. Mesmo doente, continuo a ser um prisioneiro que não pode ter contato algum com o mundo livre.

Aliás, os dois guardas prisionais encarregam-se de fazer com que todos respeitem a ordem: num tom que não admite réplicas, exigem estar presentes em todas as etapas do meu percurso hospitalar e ordenam-me que não pergunte nada a quem me trata. Se precisar me comunicar, devo fazê-lo através dos guardas.

A ansiedade ligada aos exames, à incerteza do meu estado, duplica com a pressão de estar a ser permanentemente vigiado, controlado nos mínimos fatos e gestos.

Mesmo na sala de operações, aonde acabaram por me conduzir.

À entrada, sou paralisado pelo terror, mas não sou o único. Também o pessoal do hospital parece suportar muito mal essa pressão constante, precisamente antes de uma operação.

Repentinamente a tensão acumulada explode: exasperado com a presença dos dois policiais, o cirurgião intima-os firmemente a saírem dali.

– Seja como for, ele estará sob anestesia geral, como se estivesse morto – afirma-lhes com a sua autoridade de médico.

Não há nada a fazer, os dois guardas permanecem inflexíveis.

Essa confusão mergulha-me num abismo de reflexões. Não sei exatamente em que consistirá a operação nem quais os riscos da intervenção, a gravidade do meu mal... Sinto-me reduzido ao estado de objeto, sem que nenhuma palavra de conforto atenue a minha angústia: a segurança assim obriga.

Quando volto a mim, mal tenho tempo de emergir do meu sono artificial e já me reconduzem, ainda titubeante, ao furgão penitenciário em direção à prisão.

Ao reentrar na minha pobre cela, talvez pela primeira vez desde o meu encarceramento, deixo-me invadir pela amargura. Essa breve passagem pelo hospital é a provação suprema. Torna-se-me insuportável continuar a aguentar essa injustiça.

Ruminando o meu rancor, não posso impedir-me de recordar as causas que me conduziram até aqui. Caí gravemente doente por causa dessa prisão ignóbil e dos seus tratamentos desumanos a que fui submetido pela crueldade da minha própria família, origem da minha infelicidade. Mandaram internar-me, sem qualquer remorso nem uma pontinha de compaixão.

No fundo, ao pensar neles, nos meus irmãos e, sobretudo, no meu pai, tenho um sentimento profundo de cólera que me corrói e que nada pode acalmar.

Além disso, estou enormemente preocupado com a minha própria família: como viverá? Onde estão os meus dois filhos, Azhar, o mais velho, e Miamy, que deve ter crescido muito? Como é que a minha mulher reagiu a essa história? Em que se tornaram todos? Desde há muito que não tenho notícias...

São estas as perguntas que me atormentam durante esses meses quentes e sufocantes de verão, em que abafamos, ao apurar um ouvido distraído aos rumores que correm pelos corredores. Dos novos detidos que vêm substituir os desaparecidos, ficamos sabendo que as Nações Unidas teriam ordenado um inquérito sobre a prisão de Hakimieh. De fato, Saddam Hussein sempre afirmou que não há prisioneiros políticos no seu país e que a oposição não está amordaçada.

Depois de dezesseis meses de cativeiro, estou exausto. É a mais longa e a mais cruel provação que me foi dado viver. Por causa de tantas privações, angústias, sofrimentos físicos e morais, a minha resistência está reduzida a nada. Não suporto a ideia de ter de passar mais um único dia neste inferno.

E o inferno acabou por me rejeitar.

Um dia, quando, numa derradeira súplica, grito o meu sofrimento a Cristo, os guardas chamam o número 318. Como um sonâmbulo, levanto-me e caminho mecanicamente, de cabeça baixa, para a saída. Estou convencido de que, se houver uma nova sessão de tortura, não aguentarei. Será o fim. Resigno-me a desaparecer dessa maneira, sem resistência, cansado.

Em vez disso, os meus guardas estendem-me um monte de roupa, a minha, já envelhecida com mais de um ano:

– Está livre!

Não acredito no que ouço.

Depois de todo esse tempo passado à espera deste momento, é tão inesperado que me custa a acreditar.

Parece-me irreal deixar tão bruscamente a minha condição de prisioneiro, me encontrar projetado no mundo livre. Livre...

A única formalidade é assinar um papel, em que me comprometo, sob pena de morte, a nunca revelar o que vivi. Desse modo, oficialmente, esse inferno nunca existiu... Último suplício: até a realidade da provação me é roubada.

A pesada porta de ferro fecha-se atrás de mim. Estou só, no exterior da prisão, nessa grande praça aberta a todos os ventos. De repente, tenho medo. Como só estou pele e osso, danço dentro das minhas roupas. Não sei o que fazer com esta liberdade reencontrada.

A festa é triste

OUTUBRO DE 1998

Quando, há um ano e quatro meses, fui encarcerado, tinha 1500 dinares no bolso. Hoje, por causa da inflação, essa soma perdeu muito do seu valor. É o suficiente para comprar um maço de cigarros e refletir sobre a minha nova situação.

Sou confrontado com um dilema terrível: morro de desejo de rever a minha mulher e os meus filhos, de apertá-los nos meus braços, para receber aquela afeição que cruelmente me faltou durante o meu encarceramento.

Mas, é claro, isso implica voltar à casa dos Mussaui, reencontrar aqueles que me entregaram, sem poder gritar-lhes o meu sofrimento, o ódio acumulado contra eles dia a dia. O pior é que não tenho certeza de que serei capaz disso.

Precisamente antes de ser libertado, tinha imaginado fugir para o norte, refugiar-me numa aldeia cristã e nunca mais sair de lá, para não conhecer o exílio interior no seio do meu clã e para não viver na mentira. Com os laços afetivos quebrados, daqui em diante já não me reconheço neles. Não posso esquecer-me da sua traição.

Sim. Hoje, sinto que o perdão me é uma coisa impossível. Só a fuga impedirá que as minhas relações com os meus irmãos, com os meus pais, não degenerem em violência.

Que fazer? Terei realmente o direito de abandonar mulher e filhos? É isso que Cristo me pede? Por outro lado, se riscar a minha existência anterior, poderei viver em outro lugar uma vida cristã digna desse nome, sem ter de me esconder... Não terei o direito de, finalmente, aspirar a um pouco de repouso e tranquilidade?

Essas perguntas dão voltas na minha cabeça, por cerca de duas horas, e acendo um cigarro atrás do outro.

Dividido, peso as duas opções que tenho diante de mim, sem chegar a decidir.

Por fim, depois de ter torturado o meu espírito e hesitado entre as duas escolhas, o desejo de rever os meus filhos vence. Nunca poderei viver em paz se os abandonar, entregues ao poder odioso do meu clã. Sem contar que, certamente, eles nunca poderão viver a sua fé cristã. Anouar, Azhar e a minha pequenina Miamy serão obrigados a regressar ao Islã. E isso nunca poderei suportar.

Então, reúno tudo o que me resta de coragem para chamar um táxi e pedir-lhe que me leve em casa, embora sequer tenha dinheiro que chegue para pagar a corrida. Mas, na medida em que vou meter-me novamente na boca do lobo, isso me parece ser o menor dos tormentos que me esperam...

De fato, não precisei me preocupar muito com o modo de encontrar o dinheiro que me falta. Ao chegar próximo de casa, reconheço um dos meus irmãos, Ali, à beira da estrada. Paro o táxi. Sinto até um prazer maligno em aproveitar do efeito surpresa para confiar a meu irmão o cuidado de pagar ao taxista.

Então, percorro a pé a centena de metros que me separam da minha família.

Enquanto caminho, receio tanto quanto desejo esse instante de reencontro com Anouar. Durante mais de um ano, devem ter acontecido muitas coisas... Na prisão, tive tempo de construir os mais negros cenários: por pressão do meu pai, terá ela cedido e confessado a nossa fé? Não terá sido precisamente isso que explica a interrupção dos interrogatórios ao fim de três meses de encarceramento?

Irá reconhecer-me, dado que estou tão magro? Esta pergunta persegue-me quando bato à porta do domicílio conjugal. Efetivamente, o homem esquelético em que agora me tornei faz com que Anouar tenha um movimento de recuo. Leio a surpresa no seu rosto. Depois, quando por fim me reconhece, o seu rosto ilumina-se com um sorriso. Mas quase nem tenho tempo de tomá-la nos braços...

Repentinamente, atrás de mim, ouço um grande número de gritos, com a intenção firme de entrar. Endireito-me, receando o pior, quer dizer, a repetição dos acontecimentos de há dezesseis meses, quando os meus irmãos me tinham arrebatado durante o lanche.

Pronto a fugir, fiquei espantado com a tonalidade das exclamações que se pareciam mais com alegria do que vociferações de ódio. De fato, sou obrigado a apagar-me diante de um grupo alegre, composto de minha família em toda a sua extensão, com as mulheres gritando o seu iú-iú e os homens cercando-me e dando-me palmadas nas costas com entusiasmo...

Não compreendo nada. Estarei a ser vítima de uma alucinação? Nesse caso, a minha mulher parece também ser um joguete desse sortilégio, deslumbrada por essa efervescência que, aparentemente, ela parecia não esperar.

Muito rapidamente, surge a música; a meus irmãos, minhas irmãs e meus pais junta-se a família da minha mulher e também vizinhos e amigos. Todo o bairro parece ter sido avisado, sem dúvida, pelo meu irmão, para festejar o meu regresso. Entre dois tiros de espingarda, tenho direito a abraços que nunca mais acabam, a aclamações e até a lágrimas..., à maneira de "eis que voltou o meu filho querido!". Nem posso acreditar nos meus olhos. Mas não tenho muito tempo para me interrogar sobre o significado dessa festa.

Porque se trata verdadeiramente de uma festa, e mais bela ainda do que a do meu casamento! A casa está sempre cheia. Num abrir e fechar de olhos, matam-se alguns vitelos gordos para alimentar os convivas. O meu pai preparou tudo muito bem...

Já não tenho muita estima filial por ele; tenho, porém, de reconhecer a sua capacidade de fazer com que lhe obedeçam e de organizar os eventos com mão de mestre. Além disso, muito mais que eu, é ele, Fadel-Ali, quem constitui o centro da assembleia que vai crescendo a cada minuto que passa. Juntam-se à volta dele para felicitá-lo pelo regresso do seu filho e trazem-lhe presentes. E eu estou a seu lado, sorrio para todos, mas, no fundo, só tenho vontade de chorar...

Para que essa comédia de gosto mais que duvidoso? Já toda a família se esqueceu? Será possível que estejam verdadeiramente alegres e contentes com o meu regresso, quando deveriam recear a minha vingança? Atormentado por estas perguntas sem resposta, atravesso essas felicitações como observador e de coração fechado, sem experimentar nenhum dos sentimentos que finjo. Isso dura até de madrugada; depois, recomeça no dia seguinte, com a chegada de novos convivas e ainda no outro dia, enquanto não se esgotam os víveres.

Acabo por enjoar de tanta abundância. E tudo isso para quê? Para servir uma ignóbil hipocrisia! Mas, como não tenho nenhuma vontade de voltar a remoer esse passado doloroso que me custou tanto, fico mudo e faço de conta que mantenho a minha posição.

E acabo por compreender que é isso mesmo que todos esperam de mim! Que mantenha o meu lugar nesse belo quadro de uma família finalmente reunida, depois de uma grande provação.

Com os trechos de conversas à minha volta, vou, pouco a pouco, reconstituindo a história oficial que contaram a quem tinha ido lamentá-los. A história de um terrível equívoco, a história do filho preferido capturado pela polícia secreta por engano, como infelizmente acontece sob o regime de terror instaurado por Saddam.

Mas, por trás dessa bela mentira, descortino outra coisa, que me faz sofrer ainda mais. Afinal, o que conta, para eles e, sobretudo, para o meu pai, é a reputação, o que se dirá, o medo de perder o respeito, e não o amor recíproco.

Eis o que guiou as suas reações desde o início, o que orientou essa violência inaudita contra mim: a preocupação de camuflar não só a minha conversão ao Cristianismo, mas também o escândalo na boa sociedade xiita, se, no pior dos casos, o caso se divulgasse.

E, quando já ingenuamente acreditava que ainda gozo de um pouco da afeição dos meus familiares, caio de bem alto. Mas não! Para eles, é capital é o que se vê de fora.

Ao mesmo tempo, essa tomada de consciência tem, pelo menos, uma virtude: as escamas caem dos meus olhos, uma após outra. Por fim, vejo essas pessoas tais quais são na verdade, na sua nudez crua... Isso não é nada bonito de se ver, mas é a triste realidade – digo a mim mesmo com dor e cólera.

Desse modo, acabo por compreender a razão da minha prisão e das abomináveis torturas, cujas consequências ainda sofro na minha pele. Precisavam que eu confessasse os nomes dos cristãos que me tinham acolhido para me desembaraçar de toda a culpa e, assim, lavar a honra da família, sempre essa preciosa reputação, mais importante que tudo o mais. Isso me causa nojo!

É provável que todos esses cristãos tivessem sido mortos, ficando também eu proibido de entrar novamente numa igreja. Entre os meus novos correligionários, eu teria sido um traidor. Tudo bem pensado...

Não tenho dúvida de que foi a morte do meu primo Hassan, da qual fiquei sabendo casualmente numa discussão, que explica o fracasso desse plano. Membro dos serviços secretos, foi ele quem deve ter comandado os interrogatórios violentos de que fui vítima. A sua morte inesperada, três meses depois do meu encarceramento, marcou o fim das torturas, motivo que, naquela época no fundo da cela, não podia suspeitar.

Foi só no fim dessas longas festividades que Anouar e eu pudemos finalmente reencontrar-nos, a sós, para recriar a nossa intimidade. Mas, quando digo "a sós", não é totalmente verdade, porque, depois de os convidados partirem, o meu irmão Ali e a minha irmã Shayma ficaram em casa. Oficialmente é uma medida de proteção... É essa a confiança de que, doravante, me beneficio!

Por isso, é em voz baixa, no nosso quarto de casal, que sussurramos as nossas confidências. Conto-lhe a minha história tal como realmente se passou: o meu rapto, o aiatolá, a prisão, o hospital...

À medida que avanço no meu relato, vejo o seu rosto descompor-se: ela nunca soube a verdade. Anouar também confirma a versão do erro judiciário contra o qual ninguém podia fazer nada. Infelizmente! – diziam-lhe suspirando...

– Agora, compreendo melhor – segreda-me ela – porque é que seu pai, com toda a sua fortuna e os seus contatos, não conseguia fazer com que libertassem o seu filho preferido...

Durante esses longos meses, ela achava o meu pai passivo – o que não é nada característico dele –, não se esforçando nem um pouco para tirar-me de lá. Anouar acabou por acreditar que eu estivesse morto e que ninguém tivera coragem de lhe contar com medo de perturbá-la.

– Está vendo que hipocrisia! Isso ultrapassa tudo o que eu podia imaginar. Sinto-me profundamente traída, zombada, humilhada...

Por isso, durante esse tempo, Anouar viveu encerrada em casa. No nosso meio, uma mulher não sai sem o marido. Se o marido está encarcerado, de certa maneira também ela está presa na sua própria casa.

Foi igualmente nesse momento que o meu irmão e a minha irmã se instalaram em nossa casa, pretensamente para acompanhar a minha mulher na sua provação.

Anouar, que não é parva, viveu muito dificilmente essa constante vigilância da parte da minha família. Quando ela exprimia o desejo de ir passar alguns dias junto de sua mãe, o meu pai concedia-lhe autorização, na condição de ela lhe deixar seu neto, Azhar, a quem ele está muito apegado. Na verdade, é o seu primeiro e único varão entre todos os seus netos. Sinal desse privilégio foi o presente que lhe deu quando nasceu: uma grande propriedade agrícola.

Por seu lado, Anouar tremia quando o seu filho de quatro anos desaparecia do seu campo visual. Para evitar que a separassem dele, resignava-se a não sair de casa. Era a sua mãe quem se obrigava a vir à casa dela consolá-la.

Para a minha mulher, era também muito angustiante que o meu pai reclamasse frequentemente o seu neto querido, desejando ficar na sua companhia. Também os meus irmãos se esforçavam para que Azhar fosse regularmente à casa deles. Infelizmente, Anouar não podia opor-se. Tinha o dever de se dobrar a todas as ordens de um homem.

Sentindo essa pressão do clã sobre ela, sem saber o porquê, a minha mulher teve a inteligência de dissimular a sua oração. A sua devoção tornou-se mais discreta e solitária... Já não ousava pegar no pequeno Evangelho em papel fino que *Abouna* Gabriel lhe tinha dado, com medo de ser apanhada em flagrante delito. Tinha-o cosido no interior do seu colchão para que ninguém o encontrasse...

Retrospectivamente, aprovo essa decisão prudente. Mas ela sente-se culpada e tem vergonha de ter tido a fraqueza de esconder a sua fé nas profundezas de si mesma, com medo de perder o seu filho. Durante esses longos meses, Anouar teve a sensação de que a chama do seu amor a Cristo vacilava, de que estava quase desaparecendo, por não ser alimentada. "Por sorte" – confidencia-me ela –, "ela não se apagou completamente. E, por momentos, ainda aquece o meu coração".

Não são apenas a cólera e o ressentimento contra a minha família que, presentemente, agitam o coração de Anouar. Quando, tremendo, me conta tudo o que passou na minha ausência, percebo também nela outro sentimento, uma inquietação, como que uma fenda provocada pelo medo.

Se são capazes de levar tão longe a ignomínia e a manipulação – pensava ela –, até onde estarão preparados para ir? Até porem a vida de todos em perigo?

– Precisa saber – acrescenta ela em voz baixa, como em eco às minhas reflexões – que a sua família se aproveitou da nossa situação de fraqueza para confiscar os nossos documentos de identidade. E também todo o dinheiro de que dispúnhamos antes do seu encarceramento...

Por isso, eis-nos reduzidos a uma situação muito precária de dependência financeira. Um empregado do meu pai encarrega-se das despesas ordinárias da vida corrente. Em relação às compras mais importantes, dependo da boa vontade do clã. É muito humilhante para o meu orgulho e, também, muito incômodo.

Sem dinheiro, é-nos impossível fazer qualquer projeto. Estaremos sempre dependentes da minha tribo, à mercê de qualquer pequena malevolência ou denúncia, obrigados a controlar-nos incessantemente. Nunca deixarão de nos vigiar, mesmo em nossa casa, constantemente espiados pelos empregados do meu pai.

Nessas condições, é inútil pensar em retomar as nossas idas e vindas até Bagdá para a missa de domingo, a não ser com riscos muito grandes. A menor suspeita de que praticamos outra religião que não o Islã irá conduzir-nos imediatamente ao desastre.

Mas preciso, a qualquer custo, recuperar um mínimo de liberdade, a começar pela nossa autonomia financeira.

Antes de ser encarcerado, tinha emprestado dinheiro a alguns agricultores do meu pai e também a meus irmãos. Por isso, é para eles que me volto em primeiro lugar. Mas, a cada tentativa, esbarro invariavelmente numa barreira: "Tudo está sujeito ao poder de Fadel-Ali".

Outra tentativa, a do carro familiar com motorista que, outrora, me dava a renda da venda das passagens. Também aqui, verifico que, na minha ausência, é um dos meus irmãos quem se beneficia desse pecúlio. Até o motorista, diante de quem me humilho pedindo dinheiro emprestado, se permite o luxo de uma recusa!

Se os empregados da família agem com essa arrogância, é porque Fadel-Ali lhes deu esse poder. Perdi a sua confiança e, com ela, todo o poder e os rendimentos que isso me conferia.

Recusando deixar-me abater, decidi firmemente advogar a minha causa perante o meu pai:

– Por que quer dinheiro? – pergunta-me ele secamente, quando lhe exponho o meu pedido.

– Quero poder passear com a minha família, para compensar o tempo que fiquei preso...

– Volte daqui a dois dias. Vou ver o que posso fazer.

Conto um pouco com que tenha pena de mim e com o remorso que talvez sinta, por me ter feito sofrer tantas humilhações.

Mas, dois dias depois, o meu pai anuncia-me orgulhosamente que comprou uma casa para mim, num lugar afastado de Bagdá, para que nós quatro possamos descansar. Aliás, tem o cuidado de precisar que a casa está em nome do meu irmão mais velho e não no meu. Por isso, não haverá o risco de que eu a revenda...

Enfureço-me:

– Não preciso de uma casa, mas de dinheiro! – replico-lhe à maneira de agradecimento, com a voz cheia de indignação.

O meu pai é um cabeça-dura. Mantém-se inflexível e sou obrigado a rodar sobre os calcanhares, humilhado.

Passam-se seis meses nessa pesada atmosfera de suspeição. Sinto que todos os meus gestos, mesmo os mais simples, são vigiados e as minhas deslocações analisadas à lupa. Em resumo, isso me dá a impressão de estar novamente na prisão, sem policiais, mas igualmente eficaz.

De comum acordo, Anouar e eu decidimos não tentar o diabo. Por agora, abstemo-nos de voltar à igreja. Com dois vigias em casa, ser-nos-ia demasiado perigoso. E também perigoso para os cristãos, a quem poderíamos comprometer.

Trata-se de um período muito penoso. Aparentemente, damos folga a Ali e Shayma, agindo diariamente como se tudo corresse da melhor maneira possível. Interiormente, vivemos um verdadeiro suplício de ter de nos calar e dissimular cuidadosamente o que nos anima mais profundamente. Às vezes, tenho a impressão de ser um fugitivo em meio hostil.

Por isso, tenho medo de que essa situação desgastante para os nervos acabe por desembocar numa explosão incontrolada, minha ou de Anouar.

Felizmente, para podermos viver essa pressão intolerável, recorremos à oração, que murmuramos nas nossas horas de sono, pois desconfiamos até do nosso próprio filho! Ao que chegamos!... Todas as noites, em voz baixa, de joelhos, suplicamos ao Espírito Santo que nos ajude a carregar esse fardo e nos indique uma saída, uma vez que, na perspectiva humana, o horizonte nos parece inteiramente fechado.

II
O ÊXODO

"A Igreja pede que você parta"

BAGDÁ, VERÃO DE 1999

Com os recordes de calor dos meses de verão, os sentidos tornam-se indolentes, esmagados por temperaturas que sobem aos 45°C. Será que sou eu que tomo os meus desejos por realidade? Tenho a sensação de que os nossos dois guardas estão afrouxando um bocadinho a sua vigilância.

Propositadamente, ausento-me cada vez mais, sem que isso pareça arrancá-los de seu torpor. Custa-lhes abrir um olho, quando regresso a casa depois da sesta.

Encorajado por essa nova liberdade, decido-me, depois de maduras reflexões, a tentar a minha sorte indo encontrar-me com *Abouna* Gabriel. Mas a minha mulher treme de terror. Suplicou-me muitas vezes que não fosse, argumentando sobre o perigo que isso representa para ela e as crianças.

Mas, determinado, não me deixo dobrar. Estamos num impasse e preciso absolutamente encontrar uma saída para essa situação. Pressinto que, com o tempo, a minha cólera aumenta mais depressa que o meu medo e se alimenta desse contato diário com uma família a quem não posso dizer o que tenho verdadeiramente no coração.

Apesar das minhas orações para obter a paz no coração, estou cada vez mais irritado com a atitude arrogante dos meus irmãos que, agora, olham para mim como se eu fosse menos que nada...

Se não quiser que me façam perder a paciência, terei de agir. E de fugir. Continuo com esse projeto que me aflige: partir para viver numa aldeia cristã, no Norte, de onde nunca mais sairia... Mas fugir como e com quem? Além disso, antes, preciso aconselhar-me e sei que *Abouna* Gabriel saberá escutar-me.

Apesar da minha impaciência, arranjei tempo para pensar em algumas precauções, para desencorajar eventuais seguidores e não ser apanhado. Parto ao volante do meu pequeno carro, estaciono-o numa garagem no centro da cidade velha, durante uma hora, e, depois, tomo um táxi.

E, para despistar uma nova tentativa de perseguição, peço ao motorista que dê voltas durante uma hora.

Só depois é que me larga à porta do religioso. Em situações normais, bastar-me-ia um quarto de hora, mas, como arrisco a pele, isso não me parece supérfluo...

Chegando ao convento, encontro *Abouna* Gabriel que desperta de uma sesta, com o seu rosto sempre tão luminoso, embora ainda meio sonolento.

– Que bela surpresa! Há quanto tempo...

– Quase dois anos, *Abouna*...

– Fiquei preocupado – diz-me ele –, mas não tinha nenhum meio de pedir notícias a quem quer que fosse.

As nossas saudações foram bastante breves. Não quero despertar a atenção, prolongando desmesuradamente a primeira escapadela que tento. Rapidamente, conto-lhe sobre minha detenção e, depois, o motivo de nunca mais ter vindo.

O velho padre não parece espantado:

– A reação dos seus pais é bastante normal num ambiente muçulmano. Não se esqueça de que o Alcorão pune com a morte quem quiser deixar o Islã... Mas você não devia ter levado livros para sua casa.

– Posso voltar à igreja? – suplico-lhe com ansiedade.

– Para você, a igreja está aberta, mas agora deve redobrar a prudência.

Inútil dizê-lo. Aproveitando a sua boa disposição, vou mais longe.

— E poderia retomar as nossas conversas como antes, duas vezes por semana?

Abouna Gabriel aceita com um aceno de cabeça. Olha para mim longamente, com essa bondade que sempre me tranquilizou, mas onde hoje se alberga uma gravidade inabitual.

Pela primeira vez, desde há meses, saio da casa dele com o coração leve e confiante. O apoio do religioso e a sua benevolência me tranquilizam. É um rochedo no meio de tantas provações.

Encorajado por esse primeiro sucesso, Anouar e eu arquitetamos um estratagema para ludibriar a atenção dos nossos guardas domiciliários: a habitual disputa no seio do casal. No nosso caso, não se traduziria por nenhuma invectiva, como prescreve o costume, mas por gestos ou, preferivelmente, pela ausência deles. Na nossa breve encenação, a minha mulher recusa-se a ser a boa esposa dedicada, esquecendo-se, por exemplo, de trazer-me a refeição!

Curiosamente, os nossos conflitos reproduzem-se quase sempre do mesmo modo, todas as semanas, de preferência ao sábado, e terminam inevitavelmente da mesma maneira: Anouar volta para casa da mãe dela! Por isso, sou obrigado, contra a minha vontade, a pegar o carro para ir buscá-la. E, assim, tenho uma excelente cobertura para ir à missa com ela. Às vezes, a birra dura semanas, o que nos permite irmos juntos falar com o nosso diretor espiritual.

Os que nos rodeiam apenas observam a situação. Ou melhor, mostram-se de tal maneira preocupados com esse conflito aparente, que os membros da minha família se tornam amáveis e atentos, rodeando Anouar de mimos para encorajá-la a ocupar-se mais do marido...

Uma noite, ao fim de três meses de prática assídua desse artifício, *Abouna* Gabriel conclui bruscamente uma das nossas conversas semanais com esta recomendação: "É preciso que venha menos vezes, é demasiado perigoso tanto para você como para nós... Além da missa, só virá uma vez por semana".

Não sei como interpretar esse aviso, mas cumpro-o, já que não tenho escolha. Talvez fosse a sabedoria a exprimir-se pela boca de *Abouna*... Seja como for, isso diminui certamente o risco de que a nossa artimanha seja detectada pela minha família.

Algumas semanas mais tarde, nova advertência do padre: "Daqui em diante, só poderá vir uma vez por semana. Por isso, tem de escolher entre a missa e os nossos encontros...". Uma vez mais, é sem apelo. Escolho a missa, mas é um grande sofrimento ter de renunciar aos serões tão repletos de ensinamentos espirituais.

Dessa vez, as instruções de *Abouna* Gabriel fazem-me refletir. Ele não tomou essa decisão por iniciativa própria. Isso não condiz com ele. Por que teria recuado, depois de, inicialmente, ter aceitado o princípio dos nossos encontros regulares? Ele não é homem de falar levianamente.

Portanto, deve haver outro motivo.

Ele vive num convento: é bem possível que os seus confrades religiosos tenham ficado receosos diante do perigo.

Também é possível que os fiéis do domingo, sabedores da situação, por indiscrição de algum dos frades, se tenham alarmado com a presença de um muçulmano na assembleia. E, com medo de serem acusados de proselitismo, podem ter feito pressão sobre os religiosos. Lembro-me agora de um pormenor a que não tinha dado atenção, mas que a minha memória registrou: parecia-me que, há algumas semanas, os rostos se fechavam quando entrávamos na igreja para a missa.

Outra coincidência perturbadora: Anouar e eu tínhamos percebido que a segurança se reforçara, quando vimos que a entrada e a saída na igreja passaram a ser controladas por paroquianos, encarregados de referenciar os estranhos e os potenciais espiões. Sinal de que o risco tinha aumentado, sendo muito provável que a causa fosse a nossa presença.

Posso compreender esses receios e as suas razões: a dureza da lei muçulmana, a charia, os riscos para toda a comunidade – e, de certa maneira, concordo com isso. Mas não tenho a sensação de estar cometendo uma enorme imprudência ao vir aqui. Sobretudo, a minha sede de Cristo é tão grande, que me permite ultrapassar essas apreensões.

Sinto-me como que levado por um elã irreprimível que varre todas as objeções e obstáculos para se concentrar num objetivo: o batismo e, ainda mais, a comunhão do "pão da vida". É difícil explicar, mas, às vezes, acontece-me de crer que sou protegido por uma força que possuo em mim, sobrenatural. Ter sobrevivido a todas essas provações provoca em mim um sentimento de invulnerabilidade, cuja parte de orgulho que comporta também meço.

Contudo, é essa inconsistência aparente que me leva a continuar a minha busca, a esperar que, algures, existe uma saída para essa situação e que basta que eu a procure tenazmente.

Sem nenhuma condescendência, espanto-me diante desses crentes paralisados pelo medo. Para mim, é quase incompatível com esta palavra de Cristo que me impressionou: "Não temais os que matam o corpo e não podem matar a alma" (Mt 10,28).

Um domingo, ao meio-dia, no fim da missa, *Abouna* Gabriel faz-me sinal para que vá ter com ele ao coro. Marca-me um encontro para a quarta-feira seguinte, antes de ir desparamentar-se à sacristia.

Durante três dias, espantado com essa maneira inabitual de agir, oscilo entre a alegria de passar mais um serão com esse padre, por quem já tenho uma grande afeição, e a apreensão de que me proíbam de entrar na igreja.

Nesse dia, tomo consciência da gravidade do momento, quando *Abouna* Gabriel me leva até o seu quarto e fecha imediatamente a porta.

— O que vou lhe dizer não pode sair daqui — anuncia-me ele à maneira de preâmbulo. — Tem que me prometer que não dirá a ninguém...

Atrapalhado com essa entrada tão enigmática, permaneço calado, com um nó na barriga, à espera do resto.

— Você não é batizado, mas é um verdadeiro cristão, sem dúvida, muito mais do que eu e que grande número de outros aqui — prossegue. — Mas, quando se é cristão, devemos obedecer a Cristo. E o representante de Cristo na terra é a Igreja.

— E depois? — interrogo-me com um pressentimento atroz, suplicando-lhe com o olhar que despache a sua tarefa.

– Em nome da Igreja, por prudência, ordeno-lhe que saia do Iraque...

Fico imóvel, durante uns instantes, com os olhos fixos neste homem venerável. Calmamente, ele acaba de me pedir que mude toda a minha vida. O choque é rude. Mesmo nos períodos mais negros desses últimos anos, nunca imaginei ter de partir.

Parecia-me ser Abraão a quem Deus ordena que deixe tudo. Só que eu não tenho dinheiro nem sequer trabalho...

– Podemos discutir isso? É algo negociável?

– Não – responde-me firmemente *Abouna* Gabriel. – Se você se opuser a essa ordem, estará se opondo à Igreja!

O argumento surpreende. O eclesiástico bem o sabe. Apesar de nem sequer me ter passado pela mente entrar em contradição com a Igreja, estou aterrorizado.

Isso põe em causa tudo aquilo por que tenho lutado há doze anos. Não procurei com tanta energia entrar no seu meio – e Deus sabe que o paguei caro –, para que, atualmente, me possa dar ao luxo de desdenhar uma única das suas ordens.

Essa ordem, aliás, não vem de uma pessoa qualquer. É-me comunicada por um homem que reverencio mais do que qualquer outro, que seguiu passo a passo a minha caminhada. Portanto, só posso ter confiança: a ordem que hoje me é dada foi maduramente refletida...

Isso explica, também, porque *Abouna* Gabriel teve de limitar os nossos encontros.

Doravante, já não tenho escolha. Tenho de me submeter. Mas ainda preciso de tempo. Preciso me afastar um pouco para digerir todas essas informações e refletir na proposta que me é feita.

– Tem uma semana... – expõe-me o velho religioso. – Tem sete dias para me dizer se aceita ou não. Se for sim, a grande Igreja o ajudará. Mas, se for não, então nunca mais poderá vir falar comigo e terá de renunciar ao batismo.

– Não conheço outros países... – avancei timidamente.

– Eu já viajei muito – responde-me calorosamente. – Posso aconselhar-lhe, mas você terá de escolher. Gosto muito de você, como sabe, e se lhe acontecer alguma coisa aqui no Iraque, nunca me perdoarei. É o meu amigo mais querido!

Sinto que essas palavras embaciam os meus olhos de lágrimas, porque, nas nossas conversas, *Abouna* Gabriel sempre velou para que a dimensão sensível estivesse o menos presente possível, cortando radicalmente todo o impulso afetivo.

Mas, nesta noite, talvez uma das últimas, noto com emoção que ele não conseguiu travar as suas palavras e deixou falar o coração. Isso me consola um pouco ante esse desapego a que, doravante, me tenho de preparar.

Quando regresso a casa, tenho muito medo da reação da minha mulher, extremamente receosa. Como irei convencê-la, eu que só estou meio convencido?

Se me recusar a seguir a ordem de *Abouna* Gabriel, terei de renunciar a dizer-me cristão. Mas a ideia de viajar inquieta-me terrivelmente, nem que seja para assegurar a nossa subsistência. Sem profissão, sem diploma, como poderei alimentar a minha família?

Finalmente, o que temo sobretudo é encontrar-me na condição, a mais humilhante de todas, de refugiado. Tenho na mente as imagens dos refugiados palestinos recebendo alimento como cães. E não estou preparado para aceitar isso. E também dificilmente poderei admitir ter de morar na casa de alguém e ter de viver de ajuda estrangeira.

Como seria de esperar, a primeira reação de Anouar é negativa. Também ela não sabe trabalhar; entre nós, toda a lida da casa é assegurada permanentemente por criadas, mesmo a cozinha. Depois, há as crianças, Azhar e Miamy, com sete e dois anos e meio. Para a minha mulher, é impensável que a nossa fuga, com os nossos filhos, passe despercebida.

Depois de refletir sobre o problema sob vários ângulos, impõe-se uma constatação: a nossa situação atual não é sustentável, na medida em que ambos desejamos ser batizados. Por isso, antes de tudo, precisamos tranquilizar esse nosso pânico do desconhecido...

Para estar mais segura de si, passados alguns dias, Anouar decide fazer uma última tentativa junto de *Abouna* Gabriel. Simulando uma nova disputa comigo, volta a partir para a sua família. Mas, dessa vez, ela vai sozinha à casa dos religiosos, confiando os seus filhos à sua mãe, afirmando que vai visitar a sua irmã, sem precisar qual delas...

Ao chegar ao convento, imagina que pode convencer *Abouna* a mudar de opinião. Sabe que ele tem uma grande afeição por ela. Mas, infelizmente, a resposta é a mesma: "Não há outra solução. Senão, espera-lhes a morte e grandes aborrecimentos para a comunidade cristã...".

O prazo de sete dias acabou e as nossas esperanças de uma alternativa sumiram. Por isso, volto junto do padre para dar-lhe a minha resposta:

– É sim... Mas...

Hesito.

– Não quero ser um refugiado!

– Nesse caso, por que não arranjar um crédito? – sugere-me *Abouna* Gabriel, depois de um tempo de reflexão.

– É mais uma dependência que não quero!
– Encontrará trabalho – conclui, exortando-me à confiança.

Preparativos em segredo

BAGDÁ, JANEIRO DE 2000

No início do ano, começo a preparar metodicamente a nossa partida, suplicando também para que as minhas diligências permaneçam o mais discretas possível...

Em primeiro lugar, é necessário arranjar passaportes. Para isso, preciso de uma certidão de nascimento e da carteira de identidade, mas esses documentos foram confiscados pela minha família.

Também me falta um atestado de nacionalidade, ou melhor, do grau de nacionalidade. É um documento difícil de obter, sobretudo sem certidão de nascimento. Ele certifica que se é iraquiano: de cepa, por nascimento ou por casamento.

Felizmente, conservei comigo a prova de que fiz o serviço militar. É um documento obrigatório que vale como documento de identidade. Devo poder apresentá-lo sempre, à mínima revista da polícia. Hoje, vai servir-me para reconstituir as certidões exigidas.

Por sorte, a minha família não tem nenhum contato com a administração. Mantém relações de desconfiança e a considera um instrumento a serviço de Saddam Hussein. Por isso, *a priori*, não há risco de que alguma indiscrição possa comprometer as minhas diligências.

Em contrapartida, escaldado pelo episódio da Bíblia, vigio escrupulosamente para não deixar nenhum papel oficial em casa, com medo de que alguém os encontrem. Estão todos com *Abouna* Gabriel, bem guardados. Outra precaução necessária: a minha mulher não me acompanha nessas andanças, para não despertar suspeitas.

Como a experiência me ensinou, dolorosamente, que devo desconfiar de todos, sobretudo dos meus parentes, mantenho-me alerta permanentemente. Por prudência, estou atento a nunca deixar passar mais de um ou dois dias – no máximo, uma semana – sem ir visitar o meu pai, sob um pretexto qualquer. Tenho de estar ainda mais vigilante e, para sair do feudo familiar, preciso seguir um caminho que circunda a casa paterna.

O que me entristece é o fato de o meu pai ter esperado o momento em que estou me afastando para tentar aproximar-se novamente de mim.

Nesses últimos tempos, pareceu-me que ele teria deixado de suspeitar de mim. Mas qual é a parte do cálculo e a da sinceridade? É difícil de dizer. Pode acontecer que ele tenha medo de mim e pense que desejo vingar-me. Nesse caso, é melhor para ele tentar me agradar do que me levar a radicalizar-me na minha posição de vítima.

Entretanto, também sinto que ele deseja fortemente reatar a confiança. Sei que, no fundo, ele me ama e ficaria desolado se me perdesse. É claro que não o diz, pois é demasiado pudico e orgulhoso para me confessar isso. Mas sua atitude, seus gestos de atenção mostram que tem interesse em reatar os nossos laços, por cima dos rasgões dos últimos anos. Como se o passado feliz não tivesse sido abolido pelo que ele me fez sofrer...

Mas não me esqueci de nada disso. Eu bem que me esforcei por consegui-lo, mas custou-me muito dissimular o meu ódio por essa família que me traiu, me entregou sem nenhum remorso e me condenou ao mais infame castigo.

E, se me fosse possível perdoar, como poderia explicar-lhes o que vivo? Isso me parece irrealizável, porque a minha experiência religiosa ultrapassa o campo da sua compreensão.

Além da obtenção dos passaportes, a segunda dificuldade maior é a constituição das nossas bagagens.

Uma vez mais, tenho de agir com a maior discrição. É evidente que não posso pensar em reunir as coisas, de nossa casa, que precisamos, de tão vigiados que estamos pelos "seguranças" de meu pai.

Para não chamar a atenção, imagino levá-las a conta-gotas, numa pequena mochila que trago sempre comigo nas minhas deslocações. Sempre que saio, essa mochila permite-me levar uma peça de roupa e deixá-la com Michael, que aceitou fazer da sua casa o meu vestiário.

Para a viagem, comprei uma mala grande que se vai enchendo, lentamente, e que, ao fim de algumas semanas, acaba por transbordar. Antes de partir, seremos obrigados a fazer uma triagem...

Graças a Deus, o desaparecimento das nossas roupas passou despercebido. Conseguimos que o meu irmão e a minha irmã não entrassem no nosso quarto, só raramente deixando a casa entregue à sua indiscrição. Mesmo nas raras ocasiões em que isso aconteceu, parece que eles, pelo menos, respeitaram a nossa intimidade conjugal. De qualquer maneira, se tivessem ousado entrar no nosso quarto, nós tínhamos tantas coisas, que eles nunca teriam percebido a diferença!

Antes de partir, resta-me ainda resolver uma questão que não é das mais fáceis: encontrar dinheiro para a viagem. Não sei quanto tempo vai durar o nosso exílio, por isso, preciso de uma soma importante para podermos nos manter. E não tenho nem salário nem bens...

Primeiro, penso em vender o carro. Mas *Abouna* Gabriel, a quem conto o meu projeto, me desaconselha: é demasiado óbvio para a minha família. E também muito arriscado. Teria de conseguir do comprador que aceitasse não receber o carro imediatamente, mas somente no dia da minha partida, porque ainda precisaria dele para os meus preparativos. Isso poderia levantar suspeitas. Por isso, está fora de questão vender o meu automóvel a um muçulmano; e vendê-lo a um cristão também seria arriscado. E, como é a minha vida que está em jogo, prefiro renunciar a isso...

Só tenho uma solução para constituir um pecúlio: as joias de Anouar, que ela me entrega espontaneamente. Hesito. Nunca teria coragem de pedi-las. Essas joias constituem sua única fortuna pessoal, sua única propriedade. Em geral, as mulheres muçulmanas são muito apegadas a suas joias, porque é o único bem que estão autorizadas a possuir.

Estou consciente de que, ao oferecê-las livremente, é muito mais do que dinheiro que ela deposita nas minhas mãos: Anouar marca assim a sua adesão total a esse projeto de partida, apesar de todos os riscos que comporta. Entre o calvário em que se tornou a nossa vida com nossos familiares e o caminho do exílio, a minha mulher faz uma escolha. Ao entregar-me as suas joias, acrescenta delicadamente uma palavra que me persuade na minha decisão:

– Essas joias não são mais preciosas, a meus olhos, que o amor de Jesus. Não é demasiado fazer-lhe esse sacrifício.

Mesmo que seja necessário comprar joias falsas para manter as aparências, a venda das verdadeiras dá-me uma quantia considerável: cerca de dez mil dólares, mas que está longe do seu valor real – eu tinha pressa e o comprador aproveitou-se da situação. Mas isso me permite olhar para o futuro um pouco mais serenamente...

Em contrapartida, tenho todas as dificuldades do mundo em convencer Anouar a renunciar a levar sua soberba baixela, a que ela estava muito apegada. Precisei usar de muita paciência e explicações para persuadi-la de que é impossível sobrecarregar-nos.

Quatro meses mais tarde, as diligências foram longas, mas estamos quase prontos para a partida.

Depois de me ter informado, escolhi a Jordânia como destino, porque era o único país que não tinha fechado as suas fronteiras ao Iraque. O novo rei, Abdallah II, é um aliado do Ocidente e os refugiados constituem uma fonte não negligenciável de receitas para este país: só os mais ricos têm meios para fugir da ditadura de Saddam.

Só falta ir buscar o passaporte familiar e marcar o dia da nossa fuga. Por agora, parece que tudo corre muito bem: é quase um milagre que a minha família não se tenha apercebido de nada...

No dia marcado, simulamos uma nova discussão com Anouar e vamos todos, incluindo as crianças, como nos exige a administração, buscar o precioso documento.

Mas a decepção é tão grande quanto a nossa expectativa nervosa: o funcionário anuncia-me, num tom neutro, que não tenho o direito de viajar...

O golpe é terrível: em dez segundos vejo-me perdido, posto atrás das grades para o resto da minha vida. Estou desesperado. Trata-se, com toda a certeza, de mais uma tramoia da minha família... que previu tudo, até a possibilidade de eu me exilar. Devo ter sido denunciado à administração quando ainda estava preso e meu primo, ainda vivo, fazia parte dos serviços secretos.

Apesar da minha perturbação, consegui articular algumas palavras, uma derradeira esperança de um condenado:

– Que posso fazer?

A resposta é fria:

– A sua única possibilidade é ir reclamar no guichê ao lado.

Mas, de repente, enquanto o ouvia, vislumbro uma saída: lembro-me de que a corrupção é uma realidade extremamente difundida na administração iraquiana, sobretudo porque a inflação corrói os salários. Vi o meu pai fazer isso e sei que o dinheiro compra muitas coisas. Por que não fazê-lo também desta vez? É agora ou nunca... Ganho alguma segurança e ouso nova pergunta:

– Mais uma coisa... Sabe de onde vem essa proibição de viajar?

– O senhor não sabe?!

– Hum... Ah! Já me lembro. Pedi dinheiro emprestado e atrasei-me para pagar, mas, agora, já paguei a minha dívida.

Nesse momento, o meu futuro joga-se no tudo ou nada: a minha imaginação trabalha a toda a velocidade! Parece que a referência ao dinheiro despertou a atenção do meu interlocutor.

– Basta que vá à polícia e tudo se poderá arranjar – precisa o funcionário, rapidamente conciliador.

Após um instante de hesitação, ele continua:

– Mas eles vão aborrecê-lo com perguntas e formalidades. Se quiser, posso tratar disso...

Chegamos ao ponto: como pensei! Concordo com a proposta do funcionário, perguntando-lhe o preço do "serviço".

— Meio milhão de dinares — responde-me com desfaçatez.

Trata-se de uma soma exorbitante, que corresponde a cerca de quatrocentos dólares! Calculo rapidamente: esse homem deve ganhar três mil dinares por mês; portanto, essa quantia iria garantir-lhe uma reforma confortável... Pode haver negócio!

Depois de uma curta discussão, concordamos em 250 mil dinares, metade imediatamente e o resto no dia seguinte, com a entrega do passaporte.

Ao sair, passo pelo convento de *Abouna* Gabriel, falando-lhe sobre a minha ansiedade:

— E se amanhã, quando voltar lá, ele me disser: "Não o conheço?...".

— Amanhã se verá — sossega-me o padre. — Agora vamos rezar para que tudo corra bem. Se não, tentar-se-á a fuga pelo Norte.

No dia seguinte, voltamos ao guichê do funcionário, eu, a minha mulher e os meus dois filhos. Estou tenso. Ele apresenta-me o passaporte com o precioso carimbo. Mas, olhando mais de perto, apercebo-me de uma inscrição enigmática ao lado do carimbo: "Não é ele o designado".

Não compreendo o sentido. Seja como for, é demasiado tarde para recuar. Saio com ele para entregar-lhe o resto do dinheiro. Enquanto nos afastamos do edifício por discrição, tenho como que um gosto amargo na boca, uma vaga sensação de estar sendo enganado.

É verdade que já tenho o meu visto de saída, mas que irá passar-se na fronteira Jordânia com essa menção estranha? Não ouso perguntar-lhe; aliás, não tenho escolha.

No meu plano, a Jordânia é apenas uma etapa. Quando estiver lá, pedirei visto para um país ocidental, o que não é possível aqui no Iraque: desde a primeira guerra do Golfo, em 1990, quase todas as embaixadas estrangeiras fizeram as malas.

Também soube, com algum medo, que às vezes é preciso esperar meses ou anos na Jordânia para obter um visto. Então, o dinheiro acaba depressa e as famílias iraquianas empobrecem. Espero, sem nenhuma certeza, que as nossas economias durem...

Mas o destino final é ainda uma incógnita. Como não conheço nada do estrangeiro, sinto-me desarmado diante dessa questão angustiante... E então, para enganar o meu medo, confio-me cegamente a *Abouna* Gabriel.

Ele prefere a Itália, onde tem um irmão que pode ajudar-me. Mas, para não deixar de lado nenhuma possibilidade, marca um encontro com um diplomata francês, Jean-Pierre Bagaton.

Para ser mais discreto, ele chega de bicicleta ao convento, e fala árabe. Muito amável, o diplomata ajuda-me a preencher os formulários e, para minha surpresa, até me oferece um visto para a França.

Confuso, reflito dois minutos, antes de declinar a sua oferta. Ter um visto francês no meu passaporte poderia contribuir para levantar suspeitas nos funcionários da alfândega. Como se pressupõe que não vou sair do país, mas apenas fazer uma visita rápida à Jordânia, isso não me parece o mais prudente...

Depois da partida desse alto funcionário francês, fico uns momentos sozinho com *Abouna* Gabriel. E, sem dúvida, é uma das últimas vezes que o vejo, antes do adeus da partida... Embora, até o presente, ele sempre me tenha deixado livre – uma liberdade vertiginosa – para escolher o futuro país de acolhimento, agora se mostra bem determinado:

– Fique uma noite na Jordânia e, no dia seguinte, parta para a França...

– E... o batismo? A promessa que me fez?

Havia já algum tempo que a pergunta me queimava os lábios, sem que me decidisse a fazê-la. Mas hoje é diferente: a perspectiva da partida iminente faz cair todas as minhas barreiras.

A pergunta fora direta e a resposta, também.

– É demasiado perigoso – diz-me ele. – Na França, poderá fazer uma festa bem bonita...

Com estas palavras, *Abouna* Gabriel acaba de arruinar a minha mais bela esperança. Era o que me fazia aguentar havia tantos anos: todos os meus esforços tendiam para essa perspectiva.

E eis-nos quase a sermos desenraizados, obrigados a fugir para um país estrangeiro, sem ter ao menos a possibilidade de receber o tão desejado batismo...

Adeus

Bagdá, 19 de abril de 2000

Durante esses quatro meses de preparação, tive tempo de aperfeiçoar cada pormenor da nossa evasão, em colaboração estreita com *Abouna* Gabriel que, para isso, me autorizou a procurá-lo sempre que precisasse.

Juntos, passamos em revista as diversas etapas, com um objetivo muito claro: iludir a vigilância contínua da minha família, embora ela tivesse afrouxado. Com toda essa monitoração, o meu pai imagina que estou suficientemente manietado para ele não ter de vigiar todas as minhas deslocações.

Assim, fico livre para organizar a nossa partida. Dividi-a em quatro tempos que correspondem aos quatro lugares que marcam o nosso itinerário de fuga.

A pretexto de nova discussão, há dois dias, a minha mulher deixou a nossa casa para poder deslocar-se para a residência da sua família e dizer-lhes adeus por meias palavras... É uma provação dolorosíssima: é obrigada a deixá-los sem lhes dizer nada, no segredo do seu coração. Nunca mais verá as grandes reuniões familiares das sextas-feiras, tão calorosas, em que todos os irmãos e irmãs gostam de se encontrar. Sente-se como um ramo arrancado à sua árvore, diz-me.

Como último laço que, doravante, a liga à família, antes de partir, pegou num lenço da cabeça de sua mãe, que ela venera, para se cobrir, prometendo trazê-lo em breve...

Depois de pagar todos os intermediários, funcionários e passadores, deixei o dinheiro que me sobrou, isto é, cerca de quatro mil dólares, bem guardados no convento, na mão de *Abouna*. Juntos, decidimos que levarei dois mil dólares para a viagem e que a outra metade transitará até a Jordânia pelos canais da Igreja. Na fronteira, só autorizam a passagem de duzentos dólares: exatamente o necessário para uma ida e volta...

As nossas bagagens estão guardadas na casa de Michael, prontas a serem carregadas na hora da nossa fuga.

Por fim, ainda falta o carro e o motorista, se possível não iraquiano. Depois de algumas buscas, consigo um táxi conduzido por um jordaniano, portanto, não há nenhuma hipótese de que me conheça. Encontrar-nos-emos num local isolado e discreto da cidade, Al-Mansur, muito menos frequentado que na paragem dos táxis de Al-Salhieh.

Finalmente chega o dia tão esperado e tão temido.

Ao nascer do dia, entro no meu carro. Sinto um grande nó de angústia na barriga. Dormi muito mal. Durante toda a noite, repassei de uma ponta à outra o programa delineado para o dia seguinte, tentando prever a falha que poderia trair-nos.

O sol levanta-se. Estou impaciente por passar à fase ativa do meu plano e também aterrorizado, pensando nos riscos a que exponho a minha família. Se, por infelicidade, sou preso, já não tenho nenhuma proteção, nenhum cabo de segurança. É morte certa...

E se acontecer de ser poupado ao castigo supremo – a morte –, a situação tornar-se-ia pior que antes: terei de sofrer de novo a humilhação de ser menos que nada no seio do meu clã. Até agora, aguentei-me graças ao meu projeto de partir. Se fracassar, já não terei força para suportar a desonra uma segunda vez.

Por isso, está decidido: apesar do medo, rodo a chave da ignição para ir buscar a minha mulher e os meus filhos. De lá, sigo lentamente, vigiando constantemente pelo retrovisor à procura de eventuais seguidores, até um estacionamento, onde deixo o carro e tomo o primeiro táxi. No carro que nos leva pela última vez à casa de *Abouna* Gabriel, o medo é palpável. Ninguém fala. Sentimos fisicamente a tensão das horas que nos esperam.

Abouna também está muito emocionado com esse momento solene. Abraça-nos com grandes gestos cheios de seriedade. Para não começar os soluços, leva-nos rapidamente à capela, até o altar da Virgem. Aí, rezamos juntos uma Ave-Maria, cujas últimas palavras ecoam estranhamente em meus ouvidos: "Rogai por nós... na hora da nossa morte".

O tempo urge. Despedimo-nos e prometemos dar notícias logo que possível. As palavras abafam-se na minha garganta; provavelmente, nunca mais voltaremos a nos ver. Enquanto nos aperta as mãos, o nosso querido *Abouna* faz-nos uma última recomendação em forma de confidência. É a história da sua vocação religiosa:

– Quando criança – conta, pousando as mãos nas cabeças dos nossos filhos –, estive muito doente e a minha mãe prometeu dar-me à Igreja, se ficasse curado... Também vocês – acrescenta aquele ancião, olhando alternadamente para cada um de nós –, Anouar e você,

Mohammed, devem pedir um filho ao Senhor e consagrá-lo a Deus...

Para ele, é uma maneira de exorcizar o perigo, de invocar a proteção divina e de nos projetar no futuro, na vida, aquela que viveremos em paz, assim o espero com todo o meu coração neste instante, no termo dessa fuga.

Depois, o padre abençoa-nos e leva-nos até uma saída, entregando-nos o passaporte e o dinheiro. É preciso partir. Tomamos um táxi e eis-nos um pouco mais afastados da nossa vida aqui, em Bagdá.

No carro que nos leva à casa de Michael, ponho-me à espreita. A cada cruzamento, receio que sejamos reconhecidos por alguém da minha família ou da de Anouar. Mas sei bem que, daqui em diante, já não posso influenciar o curso dos acontecimentos. Se houver algum encontro desastroso, não teremos nada para justificar a nossa estranha conduta. Para acalmar a minha angústia, só posso dirigir-me ao céu, para que consigamos sair da cidade sem obstáculos. Com os sentidos alerta, durante os vinte minutos que dura a viagem, vigio o taxímetro pelo canto do olho: desconfio de tudo e de todos. São minutos que parecem tornar-se horas... Chegando à casa de Michael, saímos todos do carro... Espero que se afaste.

Depois, sempre calados, entramos na casa do comerciante. Com um aceno de cabeça, Michael leva-nos para dentro a fim de pegarmos as bagagens. Então, chamo outro táxi para nos levar ao quarto ponto, de onde deixaremos a cidade.

As despedidas a Michael são breves. Vê-nos partir, apertados no carro, e faz-nos um sinal de amizade com a mão. Vou-me sentido mais leve, à medida que nos aproximamos do último local de encontro. Cada etapa atingida tira-me um peso das costas, o peso do medo. Apenas começo a respirar quando vejo o motorista jordaniano no ponto marcado.

Quando, finalmente, entramos na autoestrada que nos leva à fronteira, Anouar pede-me um cigarro, o primeiro da sua vida. Também ela aguentou a espera insuportável desse momento em que atravessamos as portas de Bagdá.

Viramos a sudoeste rapidamente. As horas passam e os quilômetros também. À medida que Bagdá se afasta, voltam os nossos receios e concentram-se na passagem da fronteira. O que é que acontecerá? Aquela inscrição enigmática no passaporte assinalará a minha sentença de morte?

Inquieto, aperto as poucas centenas de dólares que me restam. Esta soma constitui toda a nossa riqueza. Dela depende a nossa sobrevivência nesse país de que ignoramos tudo. Quanto tempo teremos? Prefiro não pensar nisso.

Passadas oito horas de estrada, aproximamo-nos da fronteira. Peço ao motorista para parar diante de um restaurante. Não que tenhamos verdadeiramente fome, mas penso que precisamos ganhar forças e fazer provisões para prosseguir, dado que não sabemos o que nos espera do outro lado da fronteira.

Nenhum de nós tem disposição para engolir alguma coisa. A angústia tirou-nos o apetite. Mas a paragem faz-nos bem. Saímos do restaurante trazendo os restos da refeição que não conseguimos terminar.

Ao pôr do sol, vislumbramos ao longe o posto da fronteira. Andamos quase dez horas. Esgotados com a longa viagem e com as emoções, ainda precisamos passar essa derradeira prova para começar a sentir-nos em segurança.

Antes de tudo, devemos pagar a taxa oficial exigida a todos os iraquianos que desejam sair do país: quatrocentos dólares por adulto e duzentos por criança, ao todo mil e duzentos dólares.

Ao pagar essa soma considerável, ainda não tenho a certeza do resultado, dado que depois vem a passagem mais delicada: o posto de fiscalização da polícia. Tremo quando penso que tenho de mostrar o passaporte com um carimbo fraudulento, cuja eficácia me parece mais que duvidosa.

O funcionário da alfândega inspeciona o veículo com um ar suspeito, em toda a volta, olhando alternadamente para cada um de nós. No interior, ninguém se mexe. Anouar e eu sustemos a respiração, orando pelos meninos, sobretudo Azhar, que permanecem prudentemente sentados, sem abrir a boca.

Terminada a inspeção, o homem faz-me sinal para sair com o passaporte. Ao sair da viatura, lanço um olhar apavorado à minha mulher. Tenho as pernas trémulas. Sei que esse momento é crítico: não haverá segunda oportunidade e, se fracassar, será a morte...

Entretanto, a consciência clara de estar a um passo do não regresso dá-me novas forças. É demasiado tarde para recuar. Tomo um ar despreocupado e apresento-lhe os meus documentos... No fundo de mim mesmo, estou paralisado.

Antes de olhar para o passaporte, o funcionário pergunta-me o nome e dedilha-o no teclado do computador. Já me sinto perdido. Debruçando-me levemente por cima do guichê, vejo no monitor a terrível sentença: "Proibido de viajar". O pânico apodera-se de mim. Incapaz de fazer qualquer gesto ou de dizer uma palavra, fico paralisado. Essa menção significa, certamente, o fim do nosso percurso.

Silencioso, o funcionário continua a olhar para a máquina, consultando discretamente as páginas do meu passaporte. Encolho-me todo, à espera da ordem de prisão. Mas o homem prossegue tranquilamente o seu exame. É insuportável. Ele detém-se no visto, olha para a inscrição do funcionário de Bagdá, parece refletir alguns segundos intermináveis e, depois, estende-me o documento sorrindo.

Fico petrificado. É um absurdo. Mas, bruscamente, faz-se luz no meu espírito: é isso que significa a frase "Não é ele o designado". O funcionário desonesto de Bagdá fez tudo muito bem: antecipando-se, explicava a seu colega da fronteira que o homem procurado pelos serviços da polícia e catalogado não é o mesmo que porta esse passaporte. Trata-se simplesmente de um homônimo. Foi muitíssimo bem pensado. Retrospectivamente, envio mentalmente um sorriso de reconhecimento a esse desconhecido empregado de quem suspeitei, erradamente, que me tinha ludibriado...

– Têm algo de comer?

De repente, a questão do alfandegário arranca-me às minhas reflexões. E sorrio a mim mesmo. Decididamente, nessa noite a sorte está do nosso lado. A menos que tudo isso seja uma piscadela de olho da Providência, que nos conduziu até esse homem, sem dúvida pouco remunerado e ainda por cima com fome!

– Um momento, volto já! – disse-lhe em tom jovial, à guisa de resposta.

Num abrir e fechar de olhos, corro para pegar todos os pratos, ainda quentes, que guardamos para a viagem. Ao diabo a prudência! Estou tão contente com o rumo dos acontecimentos que estou pronto a todos os sacrifícios. E o do meu estômago até nem custa muito...

Espantado com toda essa profusão inesperada, o homem nem sequer pensa em pedir-nos dinheiro. Contudo, estava preparado para essa eventualidade, porque não tenho a certeza de que a menção especial no meu passaporte seja totalmente regulamentar. A corrupção gangrenou de tal modo a administração mal paga que se tornou banal, normalizou-se.

Mas, nessa noite, é o apetite que lhe dita o comportamento. Por isso, lança um olhar distraído às nossas bagagens, que contêm objetos de valor a que não pudemos renunciar.

Mas há uma coisa que o intriga, num último impulso de zelo administrativo: por que levamos tanta roupa numa simples viagem de ida e volta?

Levado pelo bom humor, não me deixo desestabilizar por esse repentino acesso de probidade. Proponho-lhe que lhe dou uma parte e acrescento que a presença das crianças é uma garantia da nossa boa-fé: se tivéssemos a intenção de fugir, nunca levaríamos crianças tão pequenas para uma aventura cheia de perigos.

Esse último argumento acaba por convencer definitivamente o nosso guarda fronteiriço que, aliás, só espera por isso para aliviar a sua consciência profissional e deixar-nos passar pelo posto de guarda.

Entrando no carro, faço uma breve oração de ação de graças a meu anjo da guarda: passamos lentamente os poucos metros que ainda nos separam da Jordânia.

Se bem calculo, faltam-nos três ou quatro horas de percurso através do deserto até chegar a Amã. Avançamos no silêncio do entardecer, meditando nessa rude jornada.

É claro que não é a terra prometida, mas sinto-me feliz e aliviado como Moisés ao atravessar o Mar Vermelho. A minha ansiedade diminui pela metade.

Não sei qual será o meu futuro, mas já tenho a impressão de que, ao deixar o Iraque, também deixo para trás as provações dolorosas dos últimos anos. A tortura, a doença e os sofrimentos que me infligiram durante o meu encarceramento ficaram cruelmente gravados na minha carne, mas tudo isso se torna menos agudo, mais longínquo; de repente, parece-me tudo mais fácil de suportar.

Curiosamente, até o ódio que sinto de minha família se vai atenuando com a distância que existe entre nós.

É noite escura, quando vislumbramos o halo de luz por cima da capital jordaniana. Peço a nosso motorista que nos indique um hotel mais em conta.

Mas, certamente, eu e ele não temos a mesma noção do que é um preço mais em conta, ou o homem ter-nos-á mentido... Deixa-nos à porta de um hotel denominado Palace, onde o quarto custa cem dólares: uma pequena fortuna que corresponde a um terço do nosso orçamento disponível!

Mas, a essa hora, estamos esgotados e incapazes de discutir ou de procurar outro hotel. Deixo para o dia seguinte esses trâmites e caímos na cama, esmagados de fadiga e emoções.

No exílio

Amã (Jordânia), 20 de abril de 2000

No dia seguinte, tenho em mente dois objetivos para o primeiro dia em solo jordaniano: encontrar uma religiosa recomendada por *Abouna* Gabriel e dirigir-me ao vicariato apostólico de Amã, onde me entregarão o meu pecúlio de dois mil dólares.

Por isso, tomo um táxi e dirijo-me ao endereço indicado por *Abouna* Gabriel. Trata-se de um convento de religiosas, explica-me o velho padre iraquiano: "Toque a campainha e peça para falar com a irmã Maryam".

Em resposta ao toque da campainha, abre-se uma janela e aparece um rosto desconfiado e medroso de uma irmã, sem dúvida, de origem filipina.

– Ela não está. Volte daqui a uma hora! – diz-me fechando rapidamente a janela.

É provável que a minha cabeça de iraquiano bronzeado e a minha corpulência a tenham amedrontado.

Por isso, como tenho de esperar uma hora, decido ir ao vicariato apostólico. Mas não tenho comigo nenhum documento, nenhuma recomendação escrita, e anuncio imediatamente à secretária que me acolhe que venho da parte de *Abouna* Gabriel, que deve ter deixado alguma coisa para mim. Espantada, a secretária olha para mim como se eu tivesse chegado da lua.

– Não sabemos de nada.

É evidente que não posso fornecer-lhe outras explicações, pois seria arriscar chamar imediatamente a atenção para mim.

Apanhado por esse novo fracasso, regresso ao convento das irmãs, decidido a fazer com que me abrissem a porta.

Entretanto, a irmã Maryam chegou e, felizmente, aceita receber-me. Contudo, sinto que a religiosa filipina da portaria só contrariada me abre a porta, ainda um pouco amedrontada. Conduz-me, através de um corredor, a uma salinha onde está a irmã, com uns sessenta anos, alta e forte, que olha para mim com uma expressão determinada e desconfiada. Não parece à vontade... Mas, apesar de tudo, foi *Abouna* Gabriel quem me recomendou; posso ter confiança.

— Minha irmã, venho da parte do padre Gabriel e tenho uma carta para a senhora — digo-lhe, estendendo o salvo-conduto, a minha única pista séria neste país.

Nessa carta, apenas algumas palavras: "Eis uma família a ajudar". Não há dúvida de que se trata de uma última precaução tomada por *Abouna* Gabriel: se eu fosse apanhado com a carta, ela poderia constituir uma prova contra mim.

— Muito bem. Como posso ajudá-lo? — pergunta-me energicamente a religiosa, com o ar de quem não quer perder tempo com cortesias.

Então, conto-lhe brevemente a minha história: a minha conversão, as razões da minha fuga para fora do Iraque. Ela ouve com atenção, concentrada. Termino dizendo que procuro um alojamento para alugar, para o tempo que temos de ficar na Jordânia, porque o hotel é muito caro.

Quando lhe digo o custo da noite anterior, ela dá um salto, escandalizada:

– É caríssimo! Foi enganado pelo taxista que o conduziu à Jordânia. Ele deveria estar de combinação com alguém no hotel... Aqui, é muito frequente. Os refugiados são considerados vacas de leite.

Fico prevenido, à minha custa. E também verifico que a recomendação de *Abouna* Gabriel produziu efeito: a irmã parece levar a peito a minha defesa e a minha proteção.

– Tomou algum táxi para vir aqui? – pergunta depois, desconfiada.

– Sim... Por quê?

– É melhor evitar... É o melhor meio de se ser apanhado, quando se é refugiado. A partir de agora, seja discreto. Nunca se sabe! Como pagou o táxi? Tem dinheiro?

– Tenho, mas está no vicariato apostólico e não sei como recebê-lo. No bolso, tenho apenas alguns dinares iraquianos. Dei um ao táxi, para vir até aqui. Nesse ritmo, vai durar pouco...

– Deu um dinar ao taxista? – interrompe-me ainda no meio das explicações.

– É o que acabo de lhe dizer, e ainda lhe disse que guardasse o troco...

Para minha grande surpresa, ela desata a rir, com uma gargalhada franca e sonora, à imagem da sua pronúncia montanhesa. Pergunto a mim mesmo o que haverá de engraçado na minha situação!

— Um dinar iraquiano corresponde, mais ou menos, a mil fils, a moeda jordaniana. Por isso, deu ao taxista mais que o dobro do preço da corrida habitual, isto é, quatrocentos fils... Não, é preferível que se desloque nos transportes públicos, onde será menos notado!

Um pouco vexado por ter sido tão ingênuo, não digo mais nada. A irmã Maryam parece aperceber-se da minha confusão e continua em tom sério:

— Vou ver o que posso fazer quanto ao alojamento. Tenho um amigo cristão iraquiano que talvez possa ajudá-los...

De tarde, a religiosa apresenta-me a Said, que mora num bairro da cidade onde as casas não são muito caras, um pouco menos de cem dinares por mês. Os iraquianos agrupam-se lá, à espera de visto para o estrangeiro. Em geral, para o Ocidente: América do Norte ou Europa.

Cúmulo da sorte, ele ouviu falar de uma casa para arrendar não muito longe da dele, por sessenta e cinco dinares:

— Venha vê-la — propõe-me amavelmente.

Duas horas mais tarde, concluído o negócio, assino o contrato com o proprietário. Podemos mudar-nos nessa mesma noite.

Entretanto, um incidente vem perturbar o bom andamento desse primeiro dia. Quando assino, Said vê que me chamo Mohammed e tem um sobressalto de medo, preparando-se para me interpelar. Como é que um muçulmano se introduziu entre os cristãos?

A irmã Maryam barra-o, agarrando-o por um braço com um gesto firme e murmurando, com um ar imperioso:

– Mais tarde!

Agradeço ao céu por ter-me feito encontrar essa religiosa, que se ocupa totalmente da nossa situação. Na mesma ocasião, fico sabendo que, embora seja melhor do que no Iraque, a situação dos cristãos na Jordânia está longe de ser tão invejável como eu pensava.

Desempenhando o papel de meu anjo da guarda até o fim, a irmã Maryam acompanha-me ao hotel, onde reencontro a minha mulher e os meus filhos. De lá, vamos todos juntos tratar de tudo, porque a casa está vazia, e buscamos colchões no convento.

– Eles procedem da boa sociedade jordaniana – explica-me ela.

Perante o meu espanto, ante essa ajuda inesperada, a irmã Maryam conta-me que ela tem contatos frequentes com cristãos iraquianos. Vai regularmente a meu país, com outras irmãs, para ensinar catequese às crianças das aldeias cristãs remotas. Tão distantes que – acrescenta ela –, na hora da oração, as crianças prostram-se como os muçulmanos que as rodeiam.

Mas essas missões são um perigo para as irmãs. É bem provável que ela seja vigiada pela polícia jordaniana. Por isso – confessa –, teve medo quando as suas irmãs lhe disseram, tremendo, que um grande iraquiano de bigode queria falar com ela!

De um modo absolutamente inesperado, já estamos instalados numa casa vazia. E não é, de maneira alguma, a imagem que eu tinha da sorte dos refugiados... Embora, para mim, seja uma situação provisória. Estou convencido de que, logo que possamos, teremos de deixar a Jordânia.

Ainda estamos muito próximo do Iraque. Com toda a certeza, a minha família não renunciou facilmente a cumprir a *fatwa* pronunciada pelo aiatolá Mohammed al-Sadr.

E, depois, oriundo do Islã, não é garantido que eu possa ser aceito pelos cristãos jordanianos, tal como acontece com os iraquianos, porque a minha presença entre eles representa um perigo.

Como não tenho nenhuma intenção de abandonar o meu desejo mais querido – ser batizado – e também não tenho escolha, devo continuar as minhas diligências para partir o mais brevemente possível. Embora pressinta que a obtenção do visto não será fácil.

Dois dias mais tarde, um acontecimento vem consolidar a nossa decisão de deixar o país. O proprietário da nossa casa pede-me que o acompanhe ao guichê das autorizações de permanência, para poder identificar-me. Ao sair do edifício, um pouco ansioso com essa formalidade, peço-lhe que me explique a razão. E fico sabendo que, para poder arrendar uma casa a um estrangeiro, é preciso fazer imediatamente uma declaração junto da administração. Isso permite que o locatário receba a licença de permanência, válida por três meses, no departamento de estrangeiros da Segurança Geral.

Na mesma ocasião, o proprietário informa-me que, no fim da licença de permanência, terei de, obrigatoriamente, sair do país, sob pena de ter de pagar uma multa de um dinar e meio por dia a mais passado em solo jordaniano. Isso significa que, acabado esse prazo, arrisco-me a ser expulso de um dia para o outro, se for apanhado pela polícia.

Desse modo, percebo também que o simples fato de declarar o meu nome e a minha direção na esquadra da polícia constitui outra grande ameaça: poder, um dia, ser encontrado pela minha família. Sem saber, pus em perigo a vida da minha mulher e dos meus filhos. Em poucos minutos, tomei uma decisão: temos de nos mudar o mais depressa possível.

Sem discutir, a devotada Maryam move céus e terras. Em quinze dias, convenceu amigos da sua comunidade religiosa a albergar-nos. Moram numa aldeia cristã chamada Fouheis, a cerca de vinte quilômetros a noroeste de Amã.

Os habitantes dessa povoação, situada numa bela região verdejante, próxima dos palácios reais, têm a particularidade de nunca vender um terreno a um muçulmano, por isso, as famílias de Fouheis são exclusivamente cristãs, uma exceção na Jordânia, onde a demografia é extremamente favorável aos muçulmanos. Os cristãos constituem uma minoria: 4% ao todo. Não é um número desprezível, mas estão perdidos na massa dos cinco milhões de habitantes.

Em Fouheis, ao contrário, o Cristianismo é bem visível: é o único local do país onde os sinos tocam e se faz a via-sacra na Sexta-Feira Santa. Em suma, um oásis de paz e de segurança para nós, no dia a dia. É, pelo menos, o que esperamos...

Moramos num apartamento situado no piso térreo da grande casa da nossa família de acolhimento. A mãe, Umm Farah, a quem toda a gente aqui na aldeia chama "minha tia", é viúva. Também cuida dos seus quatro filhos. Dois deles são fardados, um do exército e o outro da polícia, e as filhas consagraram-se à Igreja. Um dos filhos liberou o apartamento em que estamos, para construir uma casa um pouco mais longe, o que permite que Umm Farah nos abra a sua morada.

Mas, para mim, é difícil aceitar essa situação de dependência, que acho terrivelmente humilhante. No início, aceitei a proposta, na condição de pagar uma renda. Entretanto, rapidamente percebo que a nossa família de acolhimento não pretende ganhar dinheiro com o apartamento.

Então, proponho-me ajudar a pagar a eletricidade. Não sei se em algum momento vão me apresentar a conta, mas, ao menos, tenho a consciência tranquila...

Rapidamente, sinto-me completamente à vontade nessa família calorosa em que sou acolhido como um filho. Tão à vontade, talvez, demasiadamente à vontade. Às vezes, esqueço-me dos usos e conveniências devidas à nossa hóspede.

Um dia, um dos filhos da casa recusa-se a ir a um funeral, sob o pretexto de que aquelas pessoas também não foram ao funeral do seu pai. Contudo, neste país, como também no Iraque, é um dever social muito importante. Assistindo à conversa, provoco-o maliciosamente:

– Olho por olho, será isso cristão?

Com o passar dos dias, esses pequenos detalhes da vida fazem-me tomar consciência de que a minha presença perturba a sua concepção comunitária da religião. Não mostram ressentimento por causa disso, mas sinto que, desde a minha chegada, se questionam.

Com a nossa história, destoamos no seio dessa sociedade aldeã muito unida, mas um pouco dobrada sobre si mesma... São todos cristãos e vivem a sua relação com o Islã de maneira muito defensiva. Comportamento perfeitamente compreensível, sabendo-se a que ponto o seu cotidiano está cheio de vexações e agressões de todas as espécies da parte dos muçulmanos.

Uma noite, Umm Farah conta-me que, na universidade, pediram que os cristãos se levantassem, no anfiteatro. Duas ou três moças tiveram essa coragem. Foram muitíssimo insultadas pelo resto das estudantes, primeiro porque não tinham véu e, depois, porque não são muçulmanas!

Portanto, como convertido, sou uma espécie de extraterrestre para os habitantes de Fouheis. Para eles, passar do Islã ao Cristianismo é absolutamente impensável. Uma loucura que, além disso, é extremamente perigosa. A própria ideia de conversão é-lhes totalmente estranha.

Nesse contexto, fico particularmente impressionado com a mãe da nossa família de acolhimento, Umm

Farah. Ela se deixa comover com o nosso testemunho e me confiou, muitas vezes, que nós "revigoramos" a sua fé, desde a nossa chegada a sua casa.

Por meu lado, saboreio a felicidade de viver às claras com cristãos. Isso me consola, depois das provações que vivemos. Também descubro o prazer de assistir à missa todos os dias, com toda a liberdade. Isso me parece extraordinário! A nossa estada nessa aldeia é muito tranquila, tanto no plano da segurança como no da fé. E, ao fim de um mês, já considero a hipótese de me instalar aqui por algum tempo. Ainda mais que a concessão dos vistos não avança nem uma polegada, pelo que fico sabendo através da irmã Maryam.

Mas isso entra por um ouvido e sai pelo outro. Em compensação, o que me preocupa mais é ser batizado. E, desse ponto de vista, a nossa situação, agora mais estável, pode ser uma oportunidade. A ocasião é demasiado bela, digo um dia a Anouar, quando voltei da missa: tentemos um novo pedido!

Abro-me com Umm Farah que, para mim, é uma segunda mãe. Tenho a impressão de que as provações ligadas à minha conversão e a seu sofrimento de viúva nos aproximaram rapidamente. De imediato, ela tem a ideia de passar pela sua filha Sana, religiosa, que conhece bem Monsenhor Bassam Rabah. Juntos decidimos escrever-lhe uma carta.

Alerta

FOUHEIS, MAIO DE 2000

Uma manhã, dirijo-me ao mercado para comprar um frango para a família. De repente, vejo a irmã Maryam correr para mim, em pânico. Quando chega junto de mim, está completamente pálida, apesar da corrida. Pressinto que aconteceu alguma desgraça.

– Tem de partir imediatamente. Eles já os encontraram.

– Um momento, e o meu frango? Mas, primeiro, quem são "eles"?

– A sua irmã Zahra. E, certamente, está acompanhada.[1] Esqueça o frango, têm de sair imediatamente da povoação! – insiste.

Curiosamente, não tenho a mesma percepção de perigo que Maryam. Porque Zahra me ama muito. Tenho certeza de que ela veio com o seu marido para tentar uma reconciliação. *A priori*, isso não representa nenhuma ameaça à nossa segurança.

Mas o tom imperativo e ansioso da religiosa obriga-me a obedecer. Por isso, corro para o nosso apartamento. No caminho, Maryam conta-me que, primeiro,

---

[1] Na sociedade muçulmana, uma mulher nunca viaja só, porque é proibido pelo *marham*.

havia passado por minha casa. Ao contrário de mim, a minha mulher ficou tão descontrolada com a notícia que começou a gritar de pânico.

Acelero o passo, preocupado com o estado em que estará minha família, sobretudo Anouar. Desde o nosso exílio no Iraque, a nossa peregrinação de esconderijo em esconderijo, ela vive num estado de inquietação e de tensão permanente. Tenho medo de que esse último incidente lhe faça muito mal...

Antes de ter atravessado a porta da nossa casa, ela já se precipita para mim e se refugia nos meus braços. À sua volta, os nossos filhos estão aterrorizados com essa agitação e agarram-se às suas saias.

Preocupado em não chamar a atenção na rua, levo-os para dentro, seguido de Maryam. Depois de acalmar os soluços, é ela quem me conta a história em pormenor.

— Said telefonou-me essa manhã — começa ela — para me contar pormenorizadamente a visita da sua irmã. Ela anda à sua procura...

— Mas como me encontrou?

— Deve ter passado pela polícia, pelo departamento dos estrangeiros, onde teve de dar o seu nome. Através deles, encontrou o antigo senhorio que lhe deu o endereço de Said — responde a religiosa. — Mas ouça o que aconteceu a seguir. É incrível!

Sentamo-nos enquanto Maryam fala:

– Há três dias, ao fim da manhã, a sua irmã bate à porta e é a mulher de Said, Nawal, quem abre: "*Salam Aleikum*. Sou Zahra Fadela al-Mussaui e procuro o meu irmão, Mohammed", diz ela num tom frio. "O meu marido não está...". "Posso entrar para esperar?", pergunta Zahra. A mulher de Said está aterrorizada, mas deixa-a entrar em sua casa, para não ferir a sacrossanta lei da hospitalidade. Ela está tão aterrorizada quanto na manhã em que seu filho Rami chorou desesperado, reclamando a presença do seu grande amigo Azhar.

Ao ouvir Maryam, lembro-me de que, durante os dias que passamos em Amã, os dois rapazes descobriram uma paixão de um pelo outro: tinham a mesma idade de sete anos e se entendiam maravilhosamente, a ponto de passarem o dia e a noite juntos. Quase todos os dias, Azhar pedia-nos para dormir na casa de Rami. E, quando partimos, as despedidas foram lancinantes...

– Nesse momento crucial – retoma a irmã Maryam –, a mãe teme que Rami possa traí-los e se referir a seu amigo. Mas já é demasiado tarde para recuar, o inimigo já se instalou. Portanto, a sua irmã instala-se no sofá, explicando que foi enviada pelo seu pai para mediar um conflito familiar. Precisamente a seu lado, o jovem Rami começa a brincar inocentemente, inconsciente do drama que se desenrola. Durante esse tempo, na cozinha, a mãe prepara um café para a visita, temendo que o seu filho abrisse a boca para queixar-se da ausência do seu amigo Azhar... Mas Nawal está de tal modo paralisada pelo medo, que nem tem força para chamá-lo e mandá-lo brincar em outro lugar. É então que acontece algo extraordinário. O mesmo que, momentos antes, se debulhava em lágrimas pelo seu amigo, declara agora que não o conhece! E ninguém lhe tinha dito nada sobre a família de Azhar. Está percebendo? É absolutamente inacreditável! Para mim, é um milagre – precisa a religiosa.

Interiormente, penso em outra criança, o meu filho, que, em outras circunstâncias, não teve a mesma prudência. As consequências desastrosas foram tais que ainda me arrepio de medo. Comigo, os caminhos da Providência são decididamente muito misteriosos: por que daquela vez e por que não hoje?... Talvez Rami tenha sentido, no tom de voz da minha irmã, que a sua pergunta era mal-intencionada, que visava fazer-lhe mal...

– Mas espera pelo que vem a seguir – prossegue a irmã Maryam. – Entretanto, a sua irmã não desanimou. Quando, ao meio-dia, Said regressou, começa a interrogá-lo e pergunta-lhe se encontrou a família Mussaui na Jordânia. Said responde assim: "De fato, veio ter comigo um iraquiano, queria saber onde se encontrava uma casa na vizinhança. Nunca mais o vi e não sei para onde foi...". Mas sua irmã Zahra, nada boba, deve ter percebido que estava sendo levada na conversa e ofereceu cinco mil dólares para que Said lhe indicasse onde ficava sua nova morada!

Fico estupefato com o que acabo de ouvir! Se meu pai está pronto a gastar tamanha importância, é porque quer ir muito mais longe, até os piores extremos. Quer me encontrar e me levar para o Iraque. Isso me preocupa. Ao mesmo tempo, conheço a minha irmã, é a mais inteligente da família: ela pôde ter tentado a sorte, mesmo sem ter verdadeiramente o dinheiro no bolso...

Em contrapartida, o que me enche de admiração é o fato de Said ter recusado a oferta. Aqui na Jordânia, ele vive pobremente de biscates. Todas as suas economias acabaram e ele poderia ter pegado esse dinheiro para obter o visto para o Canadá. Além do mais, nós nos conhecemos há pouco tempo. Apesar disso, ele não disse nada, e eu dirijo-lhe um pensamento de reconhecimento infinito.

– Depois, passados dois dias, sua irmã voltou à casa de Said para fazer uma nova tentativa: "O proprietário da casa me disse que você acompanhou os Mussaui quando eles partiram", declarou-lhe ela num tom de suspeita. Segundo Said, as palavras estavam carregadas de ameaças implícitas, mas delicadamente... Quando me contou toda a história – conclui Maryam –, corri imediatamente ao seu encontro. Ele não ousou acompanhar-me, com medo de ser seguido. Mais tarde, ele virá com a família dele.

Definitivamente, tenho preciosos amigos no caminho do exílio! Mas isso não basta. Preciso tomar uma decisão delicada: partir ou não deste local protegido. Estaremos realmente em segurança nessa aldeia? É a questão. Se me encontraram em Amã, podem seguir-me até aqui, Fouheis.

O que, apesar de tudo, me tranquiliza é que, para conhecer este local, precisam infiltrar-se nos meios cristãos, o que já é muito mais difícil para eles, muçulmanos, do que dirigir-se à administração. A não ser que sejamos vítimas de denúncia, mas, ainda assim, será necessário que a informação chegue até eles.

E, depois, o dinar iraquiano desvalorizou-se muito: deduzo que a sua estadia aqui lhes custará muito: o hotel, a alimentação, as deslocações... Por isso, estou persuadido de que não passarão muito tempo na Jordânia, mesmo que as despesas corram por conta do meu pai. O que é realmente provável.

Por isso, é verossímil que, sem nova pista, a minha irmã e o seu marido tenham de voltar ao Iraque, se já não o tiverem feito. Já se passaram três dias. O aviso é sério, mas talvez a crise tenha passado. Em todo caso, parece-me razoável apostar. Além do mais, confesso, a perspectiva de um novo exílio parece-me hoje fora de nosso alcance. Seria preciso uma energia considerável e já não sinto forças para tal. Ainda não me recuperei da nossa penosa saída do Iraque. Vale mais continuarmos a repousar nessa casa confortável e acolhedora. Depois, tratarei do futuro.

Se decidirmos ficar mais um ou dois meses, teremos de tomar algumas precauções suplementares. Continua a subsistir um risco de que alguém da minha família volte à Jordânia, para continuar as investigações.

Chegamos à conclusão, com Maryam, de que é preferível que saiamos o menos possível, mesmo para as compras. Umm Farah oferece-se generosamente para fazê-las.

Por ora, nada de visitas dos nossos amigos, Said e sua família. Eis-nos reduzidos a ficar presos no nosso apartamento, como leões na jaula!

Tenho medo de que essa reclusão prejudique o equilíbrio da nossa família, sobretudo o da minha mulher, cuja saúde psíquica me preocupa cada vez mais. Desde que a minha irmã encontrou a nossa pista, os nervos de Anouar estão em frangalhos, exacerbados pela menor contrariedade. Já não dorme, chora toda hora, esquece-se de tudo, perde tudo e mostra-se incapaz de se concentrar no seu trabalho.

Não estou nem um pouco preparado para enfrentar o seu sofrimento: não sei se é preciso deixá-la só, o que ela já não suporta, ou, ao contrário, fazer-lhe companhia, mas sem irritá-la muito. Felizmente, a presença de Monsenhor Rabah ou das irmãs tem por virtude acalmá-la, tranquilizá-la. Isso me ajuda muito a ser paciente com ela.

O estado nervoso de Anouar reflete-se nos nossos filhos, nomeadamente no menino, que sente fortemente a inquietação da sua mãe. Aos oito anos, está na idade de compreender bem as coisas. Principalmente porque foi o elemento desencadeante dessa situação, fazendo inocentemente o sinal da cruz diante do seu avô. Essa responsabilidade é insustentável para a pobre criança. Tem tido pesadelos que não consigo amenizar.

Ao mesmo tempo, Azhar não compreende por que motivo lhe fizemos mudar de vida. Outrora, no Iraque, ele era o neto acarinhado, o querido do seu avô. E que avô! Poderoso e reinante sobre um domínio e um clã considerável... Através dessa afeição, tudo parecia pertencer-lhe, as grandes casas, o espaço, a abundância... Tudo estava às suas ordens, os seus menores desejos eram satisfeitos logo que proferidos e os seus caprichos, honrados.

Daqui em diante, eis que esse menino-rei de antes, desenraizado daquele paraíso terrestre para viver longe da sua família, do seu avô, vive na precariedade e na inquietação dos seus pais. Quantas vezes me perguntou por que tínhamos partido, por que tínhamos feito essa escolha! E eu, o seu pai, não consegui encontrar palavras para explicar-lhe...

Estou infeliz por verificar que, finalmente, estamos como numa prisão, condenados a ficar encerrados todo o dia, mesmo que as grades sejam douradas. Isso desperta em mim outras recordações, mais dolorosas...

Sinto que essa situação não será sustentável por muito tempo.

Batismo

Fouheis, junho-julho de 2000

Na nossa reclusão voluntária, a única saída que nos permitimos é para ir à missa na igreja ao lado. Vamos lá como família, quase todos os dias, às sete horas da manhã e, aos domingos, à missa solene das dez horas.

Encontro lá um grande reconforto para suportar melhor a incerteza em que nos encontramos. Mas também sinto uma frustração crescente de não poder comungar. Por isso, impaciento-me esperando a resposta de Monsenhor Rabah a meu pedido de batismo.

Infelizmente, tarda a vir e, cada dia que passa sem notícias, aumenta a minha impaciência, tornando-a dolorosa. Desse modo, a espera do correio constitui o ponto fulcral do meu dia. Mas, com o passar dos dias, a ausência de resposta vai-se tornando cruel, humilhante, porque lança uma dúvida sobre a legitimidade da minha busca.

No final do mês de junho, chega a carta tão esperada. Temo abri-la com medo de, uma vez mais, ficar terrivelmente decepcionado! A leitura rápida confirma os meus receios. O seu conteúdo lapidar tira-me quase toda a certeza de ser atendido pela Igreja deste país. Parece que minha carta está mal formulada e Monsenhor Rabah pede-me que escreva outra.

E fico de braços caídos, de tal maneira esta carta simultaneamente cortês e incômoda me dá a sensação de que me fecham novamente as portas da Igreja. Já desespero de algum dia ser admitido na comunidade dos cristãos nesta região... Terei ainda de esperar, de fugir, sempre para mais longe, para a Europa, para obter o direito de ser batizado?

Passada a raiva, misturada à tristeza, tento raciocinar: ao agir assim, talvez Monsenhor Rabah esteja procurando ganhar tempo. Incita-me a ter paciência. Quando releio a carta mais lentamente, entrevejo finalmente uma abertura tímida da parte da instituição. Compete a mim saber aproveitar a minha sorte para forçar a barreira, embora não saiba concretamente como poderei formular diferentemente o meu pedido.

Alguns dias mais tarde, no início de julho, antes de ter conseguido encontrar uma solução, assisto ao batismo de uma criança, precisamente presidido por Monsenhor Rabah.

Durante a cerimônia, revolto-me: ele me recusa o que concede a um recém-nascido. Estou ansioso por dizer-lhe isso na cara, e nem sequer ouço as palavras da liturgia. Repito na minha cabeça os argumentos que vou expor-lhe para ser entendido. À força de serem reprimidas, as minhas ideias ganham velocidade, chocam-se umas com as outras e entram em turbilhão.

O grande medo de há algumas semanas atrás invade bruscamente o meu espírito. Felizmente, o alerta terminou. Mas, se voltar a acontecer – e dessa vez o fim será trágico para mim e para a minha família –, seria insuportável imaginar ter de morrer sem ter sido batizado, sobretudo tão próximo do meu objetivo.

Chega o fim da cerimônia de batismo. É agora ou nunca! Então, dirijo-me a Umm Farah e à sua filha Sana, para suplicar-lhes que me apresentem a ele. Estou decidido a não deixar passar essa oportunidade que se me oferece, talvez a última...

Com o seu acordo, levanto-me da minha cadeira e pego nelas pelo braço, quase correndo, a caminho do prelado. Ele parece lembrar-se da minha carta, mas não tem um aspecto nada preocupado. Respiro fundo e digo-lhe de um fôlego:

– A esse recém-nascido o senhor não pediu nenhuma carta para que fosse batizado! Mas eu sou um recém-nascido na fé...

Eu havia me treinado mentalmente ao longo da cerimônia. Tinha repetido cada uma das ideias que queria expor, a maneira de apresentá-las, tudo, tudo, menos essa frase impulsiva, abrupta, que me saiu quase contra a minha vontade, das profundezas do meu coração martirizado. E senti-me mal...

Mas o homem olha para mim atentamente, como se pesasse cada uma das minhas palavras. Não parece chocado com a minha observação, reflete uns instantes, antes de responder:

– Expliquei-me mal, certamente. O que desejo é que possa preparar-se corretamente para o batismo.

Proponho-lhe que, proximamente, nos encontremos para evocar tudo isso pormenorizadamente.

As semanas seguintes são as mais belas da minha existência. Desde o nosso primeiro encontro, fiquei impressionado com o homem simples Bassam Rabah. Logo de entrada, afirma-me que ficou impressionado com a minha expressão "recém-nascido na fé" e com a minha perseverança.

Eu tinha a meu favor duas referências sérias: *Abouna* Gabriel e a irmã Maryam. Duas personalidades marcantes no seio da comunidade cristã, tanto na Jordânia como no Iraque. Monsenhor Rabah conhece-os. Através deles, conhece a minha história e também sabe que pode confiar totalmente neles. Se eles se propuseram a cuidar de mim, é porque suas razões são sérias. Para eles, a questão vai ser levada a sério.

Ao longo dos nossos quatro serões do mês de julho, tomo consciência de que esse eclesiástico transmite algo de profundamente humano carregado de atenção. Há nele uma bondade rara que se manifesta no cuidado do pormenor, para nos pôr à vontade, para abolir a distância que a sua batina preta e a sua grande cruz peitoral impõem a seus interlocutores.

Quando nos fala do batismo, não ouço quase nada de novo, *Abouna* Gabriel nos tinha preparado bem no plano da fé e dos ensinamentos. Apesar disso, são encontros espirituais fortes e belos.

Com palavras simples, explica-nos o simbolismo da água usada no sacramento. Para mim, que conheço o deserto, é fácil compreender que água é vida. Mas – continua o pastor – também é a água que purifica do pecado e permite uma vida nova com Cristo.

Mais espantosamente, no penúltimo serão, Monsenhor Rabah evoca conosco os mártires, aqueles que receberam o batismo de sangue. Morreram pela sua fé e estão no céu gozando da vida eterna.

Isso me atinge profundamente, a mim que, desde há anos, penso todos os dias que é bem possível que venha a morrer por Cristo. E, de tal maneira, que chego a ficar triste com a ideia de poder morrer naturalmente, banalmente...

Por isso, na presença de Monsenhor Rabah, sinto-me conduzido e arrastado para a vida espiritual por um verdadeiro pastor, à imagem do "bom pastor" do Evangelho (Jo 10,11). Já não tenho a sensação de estar conversando com um prelado de cerimônia, altivo e inacessível.

No fim dos quatro encontros, considerando sem dúvida que estamos preparados, Monsenhor Rabah diz-me esta frase que tranquiliza em mim muitos dos tormentos ligados às provações que atravessamos:

– Você bate à porta da Igreja e eu não posso recusar a abri-la!

Com estas palavras, pela primeira vez depois do nosso casamento e da conversão de Anouar, sentimo-nos finalmente na Igreja, acolhidos como membros de pleno direito e já não como estranhos tolerados, mas olhados com suspeição. Era assim que me sentia no Iraque, onde a nossa presença perturbava.

O meu sonho mais louco é, agora, morar aqui na Jordânia, junto desse homem de Deus. De fato, passados dois meses, a situação ficou muito mais clara: a minha irmã Zahra não voltou a aparecer e Monsenhor Rabah, atento às nossas necessidades, conta comigo para um trabalho. Creio que, se aceita batizar-nos, é porque espera que possamos instalar-nos na região por algum tempo.

Infelizmente, sei que esse belo projeto não é viável a longo prazo. Quando estávamos na antiga casa, eu tinha obtido uma autorização de residência de três meses, porque tinha podido informar meu endereço. Mas, desde que nos mudamos para Fouheis, prudentemente, não comuniquei a nova morada. O episódio da vinda da minha irmã convenceu-me de que eu tivera uma boa inspiração. Mas, agora, encontro-me numa situação irregular, o que não é nada confortável, e corro o risco de ser devolvido ao Iraque, à menor averiguação da polícia, ao mínimo contratempo que me obrigue a identificar-me. Portanto, o nosso horizonte está obstruído por essa ameaça. Embora isso não me alegre, sei que um dia terei de voltar a fugir.

É por isso que devemos agir de maneira que esse batismo se mantenha secreto e se faça discretamente, para não haver risco de uma reação negativa por parte da sociedade muçulmana, que aqui é bem menos violenta que no Iraque, mas não mais aberta à liberdade religiosa.

A outra consequência é que não posso pedir certidão de batismo para Monsenhor Rabah. Se acontecer algo de errado e eu for levado para o Iraque, nunca ninguém saberá que me tornei oficialmente cristão.

No dia 22 de julho, ao início da tarde, fomos os quatro a uma grande igreja pertencente a religiosos, no coração do bairro cristão de Amã. É um bairro bem residencial, separado da vida amanita, embora habitado por jordanianos e não expatriados.

Monsenhor Bassam Rabah escolheu essa igreja por razões de segurança, porque ela faz parte de um conjunto mais vasto, com muitas entradas. Por isso, pode-se entrar nela mais discretamente do que numa paróquia de bairro.

Nesse dia, dentro desse edifício de concreto, sentados em bancos de madeira, não somos muito numerosos e a igreja parece vazia. Estão presentes o padre que vai celebrar o batismo, outro padre de batina, designado para nosso padrinho, e a madrinha, uma leiga consagrada que trabalha para o prelado. Todos foram cuidadosamente designados por Monsenhor Rabah como pessoas de confiança, capazes de guardar segredo.

Também estão presentes uma religiosa e a família que nos alberga, na pessoa de Umm Farah. Sem contar os nossos dois filhos, que também querem ser batizados, somos nove pessoas. Monsenhor Rabah desaconselhou-nos sermos batizados em Fouheis: todos viriam necessariamente a saber e, mais cedo ou mais tarde, a notícia chegaria a ouvidos muçulmanos.

A minha tristeza é que nem Monsenhor Rabah, por precaução, nem a irmã Maryam, por outras razões, tenham podido ir. Quando a data foi fixada, a religiosa estava no Iraque. Quando a contatei para avisá-la, ela pediu-me que adiasse o dia do batismo para poder estar presente.

Mas, depois de uma tão longa e dolorosa espera, não tive paciência nem coragem para protelar a cerimônia tão desejada. Se o fizesse, disse para comigo, talvez Monsenhor Rabah mudasse de opinião e anulasse o batismo. Instruído pela grandíssima prudência da Igreja, inspirado, sem dúvida, pelas promessas de eternidade que ela tem diante de si, eu não estava preparado para aceitar esse risco...

Por isso, estamos lá os quatros, vestidos de albas brancas que uma religiosa gentilmente confeccionou para nós. Emocionados e cheios de alegria, esperamos que a cerimônia comece.

Entretanto, esse acontecimento tão esperado é um pouco embaciado pela hostilidade aos cristãos neste país. Na verdade, a desconfiança levou-nos a tomar grandes precauções para que a cerimônia do batismo fosse rodeada do maior segredo. Sabemos que, numa terra muçulmana, há um risco enorme em passar do Islã para o Cristianismo. Por isso, com Monsenhor Rabah e Maryam, decidimos não celebrar todos os batismos ao mesmo tempo.

Segundo o plano, faz-me primeiro o batismo das crianças, durante o qual eu e Anouar saímos da igreja. Desse modo, não há o risco de Azhar (doravante, Paulo) e Miamy (Teresa), que tem três anos, terem a tentação de um dia, por acaso, nos denunciarem. Sinto um grande orgulho de ter, de alguma maneira, cumprido o meu dever, levando os meus filhos, a carne da minha carne, até Cristo. Com Anouar, tomamos o cuidado muito especial de prepará-los para este momento capital.

Quando as crianças saíram para brincar, chega a nossa vez de receber o precioso sacramento. Com a cabeça inclinada para a frente, para receber a água benzida pelo padre, ouço as palavras solenes pronunciadas pelo celebrante: "Eu te batizo em nome do Pai e do Filho e do Espírito Santo". E me recordo de todos esses anos de espera e de sofrimentos, ao longo dos quais, às vezes, acreditei que tinha chegado a minha última hora, mas em que só aspirei a uma única coisa: viver o suficiente para usufruir este momento.

Nesse instante, sou invadido por uma onda de sentimentos misturados.

É claro que existe a alegria do renascimento de que nos falou Monsenhor Rabah, que significa a vitória sobre o mal. Para mim, não é uma palavra que soa vazia; mas, ao contrário, algo de muito concreto que me atingiu e cujas cicatrizes estão marcadas na minha carne. E para significar claramente essa passagem, essa novidade, escolhi como nome de batismo o do evangelista que me fez descobrir Cristo: João. Anouar escolhe o nome de Maria... Mas, ao lado dessa felicidade ainda frágil, está o medo. Apesar de tudo, não podemos abstrair-nos do clima de terror que pesa sobre a nossa pequena cerimônia, a começar pelo seu caráter clandestino. Sem contar que esse compromisso sem retorno pode trazer-nos futuras perseguições...

Depois e finalmente, sinto alguma tristeza por saber que a minha família não pode associar-se, nesse dia, à minha felicidade...

Depois de duas horas de cerimônia, juntamo-nos todos numa pequena sala anexa para partilhar uma ligeira refeição. Foi o padre que celebrou os batismos quem teve essa delicada atenção. Agradeço-lhe do fundo do meu coração. Ao erguer os nossos copos, celebramos a nossa entrada na família dos cristãos. O calor dos que nos rodeiam consola-me da ausência da minha família biológica.

É verdade que reina uma atmosfera de festa na nossa pequena assembleia, apesar da sua pobreza... Os meninos estão radiantes, receberam presentes de Maryam e Said, trazidas pela outra religiosa. Todos nós nos felicitamos. Surpreendo-me quando o padre que nos batizou afirma que a cerimônia fortaleceu a sua fé. E o meu padrinho, também padre, afirma que nunca teria aceitado batizar-me, porque – diz ele – tenho uma fé maior que a dele!

No entanto, será ele quem, algumas horas mais tarde, celebrará a missa e é de suas mãos que recebo e como com emoção, pela primeira vez, "o pão da vida"...

Para mim, começa hoje um novo ciclo da minha vida e, finalmente, já posso responder ao chamado do homem que então me interpelava, na visão de que ainda me lembro com toda a nitidez, treze anos atrás.

Esse homem, cuja bondade e esplendor me atraíam tanto, esse Cristo por quem senti, desde o início, uma verdadeira paixão. Mesmo nas horas mais negras, não se passou um só instante em que eu tenha tido a tentação de abandoná-lo para voltar à vida dourada que antes levava.

Doravante, posso saborear a sua vida, na promessa de eternidade que ele me traz como Filho de Deus.

Se for possível, quero poder comungar todos os dias esse pão dos anjos, para dele tirar a minha força e a minha alegria, e, até, diversas vezes por dia, se a Igreja o permitir...

Depois da missa, sinto-me inundado por uma coragem inabitual, como se o batismo e a comunhão tivessem feito de mim um homem novo. Esquecendo-me da minha situação e do ambiente hostil ao Cristianismo, como um guerreiro que corre para o combate, quero dar saltos para comunicar a alegria transbordante que me habita.

Mais prosaicamente, essa força dá-me, nessa noite, o necessário para esmagar o que considero o meu último cigarro. Uma façanha de que não estou pouco orgulhoso, já que comecei a fumar muito jovem...

Mas não é tudo. No meu entusiasmo, também desejo casar-me cristãmente. Monsenhor Bassam Rabah já me tinha explicado que isso não é necessário: já estávamos casados antes do batismo. Por isso, não preciso casar na Igreja, mesmo sendo de outra religião. Não tenho certeza se fiquei totalmente convencido com essa explicação. Por agora, contento-me..., à espera de um eclesiástico mais compreensivo!

No fim desse dia tão rico, esgotados com tantas emoções, regressamos todos juntos a Fouheis para, de novo, nos encerrarmos no nosso apartamento. Mas, dessa vez, é em ação de graças por tudo o que recebemos hoje.

"O zelo da tua casa consome-me"

Fouheis, fim de julho de 2000

Alguns dias depois do nosso batismo, telefono a Monsenhor Rabah para pedir-lhe um novo favor: queria que ele me ajudasse a encontrar um trabalho, para nunca mais precisar ficar dando voltas dentro do apartamento.

No dia seguinte, ele me telefona e me propõe que vá ter com ele nas obras de uma igreja em construção, no interior de Amã. O empreiteiro é um empresário jordaniano, oriundo de uma grande família cristã, que considera a construção de uma igreja uma fonte de orgulho. Isso mostra a sua importância no seio da comunidade.

Monsenhor Rabah abriu-se com ele acerca da minha situação. Aparentemente, haverá uma oportunidade para mim. O encontro é de tarde.

Quando nos encontramos, o empresário, que também é o mestre de obras, aperta-me a mão calorosamente e pergunta como me chamo.

— Chamo-me Youssef/José — digo-lhe com orgulho.

Eu já antes usava esse nome comum por simples comodidade. Porque, em Fouheis, nessa aldeia cristã, seria impensável continuar a chamar-me Mohammed, como rezam os documentos oficiais. Então, eu o tinha escolhido a conselho da irmã Maryam. De fato, esse nome, usado por muitos antigos muçulmanos, tem a vantagem de poder servir tão bem entre os cristãos quanto entre os muçulmanos. Conservei-o depois do batismo, porque toda a gente me conhecia pelo nome de José. Pergunto-me se não seria por causa disso que minha mulher optara pelo nome Maria...

— E o seu pai, como se chama?

Respondo com um silêncio, porque estou extremamente constrangido com essa nova pergunta do empreiteiro. É claro que nunca lhe daria o nome de família Mussaui. Mesmo aqui na Jordânia, despertaria suspeitas sobre a minha proveniência religiosa. É normal perguntar o nome da família, que situa o interlocutor na escala social.

– Não sabe como se chama seu pai? – insiste o mestre de obras.

E coro com a confusão. Felizmente, Monsenhor Rabah vem em meu auxílio afirmando com um sorriso:

– O nome do pai dele é Bassam Rabah!

O que, em certo sentido, não é completamente falso, pelo menos na perspectiva da fé. Interiormente agradeço e admiro o prelado. Uma vez mais, ele percebeu a situação e tomou a opção que me era mais favorável.

E ficou tudo resolvido com um aperto de mão. O empreiteiro mandou que eu estivesse na obra no dia seguinte. Não entendo nada de edifícios, mas sou encarregado de que tudo corra bem entre os trabalhadores e de assegurar o serviço de vigilância.

Chegou-se até a surgir a possibilidade de morarmos no presbitério. Portanto, o nosso futuro já está assegurado para os meses seguintes... Começo a dizer a mim mesmo que, finalmente, poderíamos encontrar asilo nesta terra, desde que se conseguisse resolver o problema com a autorização de residência.

Embora esteja muito feliz por contribuir, à minha maneira, para a construção de uma igreja, estou muito decepcionado por verificar que os trabalhadores da obra são todos muçulmanos e não gostam dos cristãos.

Quando tento compreender a sua profunda antipatia, dizem-me em poucas palavras que o Evangelho já está ultrapassado.

– Dê-me um exemplo – interpelo-os.

– Quando está escrito na sua Bíblia que é preciso amar os inimigos...

Para eles, essa atitude exigida por Cristo é totalmente incompatível com o Alcorão. Ela mostra bem que os cristãos são fracos e desprezíveis. Isso me entristece, mas sou obrigado a constatar que os meus antigos correligionários só sentem ódio da Igreja; está bem agarrado aos seus espíritos.

Às vezes, tenho a sensação de que esbarro contra uma parede e fico loucamente furioso, como aconteceu hoje, depois da consagração da igreja ao Espírito Santo. Ainda há uns pequenos serviços dentro do edifício e um trabalhador muçulmano prepara-se para trabalhar.

A determinada altura, o homem mostra intenção de subir ao altar calçado, para poder fixar um lustre.

Então, apresso-me em dissuadi-lo:

– Espere um minuto, vou buscar uma escada. Ou, ao menos, tire as botas...

– Não. Não vale a pena!
– Olhe, peço-lhe, não suba no altar, é sagrado!

Então, o trabalhador começa a subir no altar, resmungando algo que me pareceu um insulto à cruz dos cristãos.

Ao ouvir essa blasfêmia, sobe-me o sangue à cabeça. Puxo-o para trás, atiro-o ao chão, perco o controle dos nervos e começo a dar-lhe murros. Esmagado pela minha força e pelo meu peso, o homem opõe fraca resistência. Contenta-se em proteger o rosto com os braços.

Bruscamente, ouço um ruído seco, como de alguma coisa a partir e ele põe-se a gritar. Paro imediatamente, ofegante com a luta e também inquieto por ter ido longe demais...

Levado ao hospital pelo mestre de obras, o trabalhador volta algumas horas mais tarde com gesso num braço quebrado. Um pouco afastado dos outros trabalhadores que se juntaram, olho para o chão, muito pouco à vontade perante o empreiteiro. Ele está preocupado por minha causa e não duvido de que isso pode trazer-lhe aborrecimentos. Não aceito que ofenda tão grosseiramente o que há de mais sagrado na minha religião; não hesitaria em fazê-lo novamente...

O mestre de obras agarra-me pelo braço, puxa-me para o lado e diz-me em tom seco:

– Você é iraquiano, não tem documentos, por isso não pode cometer um deslize desse gênero!
– Mas pedi-lhe...
– Nada justifica o seu gesto de violência! Tem que explicar isso a Monsenhor Rabah...

No fundo, sei que ele tem razão: agi instintivamente, sem refletir. Deveria ter-me lembrado de que no Islã, tal qual me inculcaram, é absolutamente normal blasfemar contra as outras religiões. É que os muçulmanos consideram que os cristãos falsificaram o Evangelho, nomeadamente ao substituírem Cristo por um sósia crucificado na cruz (Surata 4/156).

Mas, agora que passei para o outro lado, não posso aceitar essa falta de respeito para com o Cristianismo, quando, no seio da minoria cristã, nunca percebi o mínimo vestígio de animosidade contra o Islã, apesar do medo, dos vexames e, até, às vezes, das perseguições. Essa ausência total de reciprocidade entre as duas comunidades faz-me sofrer e custa-me aceitá-la.

É o que explico a Monsenhor Rabah, que foi avisado pelo mestre de obras furioso e que, no entanto, quer ouvir a minha versão. Diante do prelado, sinto-me acanhado, mas com confiança suficiente para não calar o que tenho no coração.

Apesar do seu semblante preocupado, tenho a impressão de que as minhas palavras sinceras encontram eco nele. No fundo, ele deve partilhar a minha maneira de pensar relativamente à grande injustiça infligida aos cristãos deste país.

Após alguns instantes de silêncio, em que ansiosamente espero a sentença de Monsenhor Rabah, ele contenta-se com estas poucas palavras, pronunciadas depois de um suspiro:

– Deveria ter conservado o seu sangue-frio!...
– Mas era impossível! Poderia até aceitar se se tratasse apenas da minha família. Mas era a Igreja inteira que era atacada.

É verdade que, em poucas semanas, quando a obra já tinha começado havia pouco, interessei-me muito por esse trabalho, nessa igreja em construção. Para mim, não se trata de uma simples atividade, mas de uma maneira concreta de mostrar o meu apego à grande Igreja, a minha nova família.

Eu vi esse edifício religioso nascer, sair da terra. Conheço de cor todos os seus recantos. Quando penso nisso, o que aconteceu com o trabalhador faz-me lembrar daquela palavra da Escritura, quando Jesus expulsa os comerciantes do templo à chicotada: "O zelo da tua casa consome-me" (Jo 2,15-17 [cf. Sl 69,10]).

E apeguei-me tanto a essa igreja que, ainda antes da sua inauguração, obtive de Monsenhor Rabah o direito de morar junto dela com toda a minha família. Era o que eu mais desejava no mundo, depois do meu batismo: morar o mais perto possível de uma igreja.

Tenho as chaves dela como São Pedro, posso abrir a capela quando quiser. De fato, isso me dá uma sensação de responsabilidade profunda: tornei-me útil e sirvo na casa do Senhor. Para mim é também um sinal do meu amor a Cristo, que me libertou das cadeias do Islã e me mostrou o caminho da verdadeira felicidade.

Mas, hoje, por causa do meu excesso, arrisco perder tudo. Basta uma palavra de Monsenhor Rabah para que tenhamos de regressar ao nosso apartamento de Fouheis, à nossa vida de reclusão como párias.

Estado de graça

Amã, setembro-outubro de 2000

Muito felizmente, verifico uma vez mais a que ponto Monsenhor Rabah é um pastor bom e misericordioso, cuidadoso com as suas ovelhas.

Por única penitência, toma a minha defesa junto do empreiteiro, pedindo-lhe que trate a questão com o trabalhador ferido, para evitar que ele apresente queixa. E tudo se resolve num instante: o muçulmano aceita ir para outra obra, mais aliciante e onde se ganha mais, e com um ainda mais importante *bakchich* [gorjeta] para acabar de adormecer a sua consciência!

Quanto a mim, sumamente agradecido, só posso mostrar mais zelo no desempenho do meu novo trabalho de sacristão, que o eclesiástico me confiou depois de a obra acabar.

Como a igreja se torna rapidamente um local muito frequentado, velo para que todos os locais, inclusive o presbitério, estejam sempre meticulosamente limpos. E até levo comigo as crianças, quando ao fim do dia é hora da limpeza. Noto, com verdadeiro prazer, que elas se entregam à tarefa com entusiasmo, levadas, sem dúvida, por minha animação.

Ser sacristão me permite passar bastante tempo com elas na capela. Paulo se beneficia da nossa experiência com as cerimônias no Iraque, estando mais avançado, mas Teresa aprendeu aqui, no meu colo, em alguns meses, a rezar o Pai-Nosso, depois a Ave-Maria, e até alguns cânticos da missa, diante do sacrário. Ainda rio do dia em que ela se queixou de que a sua boneca não queria fazer o sinal da cruz!

Anouar/Maria afirma que nunca me viu tão feliz desde o nosso casamento. Talvez também seja porque escondo no fundo de mim o medo de que meu pai ainda não tenha abandonado suas perseguições; sem dúvida, para não ter de pensar que um dia precisaremos fugir novamente dessa situação de frágil segurança.

Nesse quadro muito tranquilizador que a igreja e o meu trabalho me proporcionam, já batizado, não tenho coragem nem motivação para fazer novos planos de partida. Voluntariamente, dou pouca atenção às diligências de Maryam para obter um visto.

Além do mais, não me falta trabalho no meu ofício de sacristão.

De manhã, acompanho o padre que nos dá alojamento. Vai celebrar a missa muito cedo para algumas religiosas no bairro de Tlal al-Ali.

No restante do dia, ajudo o padre na igreja. Ele me chama para tudo, dando-me a impressão lisonjeira de que sou indispensável. Os meus dias são longos, embora cheios pelas numerosas visitas e casamentos, para os quais tenho de preparar a igreja e acolher as pessoas. Durante esse tempo, as crianças vão sozinhas para a escola de carro. Monsenhor Rabah teve a delicadeza de pagar todas as suas despesas escolares.

É uma espécie de pai para toda a nossa família, atento a todas as nossas necessidades, o que me emociona muitíssimo. Por diversas vezes me propôs que o acompanhe nas suas visitas pastorais. Gosto muito de ir, porque admiro a sua compreensão das situações e das pessoas com quem se encontra. O prelado sabe fazer-se amar, nomeadamente pelas crianças, porque desce ao nível delas quando as aborda.

Cumulado com esses tesouros, quase me esqueceria da ameaça latente que pesa sobre nós, se não houvesse o ambiente hostil do bairro. Com efeito, os habitantes das casas vizinhas, na maioria muçulmanos, não aceitam a presença, tão perto deles, da nova igreja. A sua antipatia concentra-se nos sinos que tocam todas as manhãs, às seis horas.

Já algumas vezes essa aversão se traduziu em atos de má vontade, nomeadamente atirando pedras à igreja. Ao fim de um mês, o pároco decidiu silenciar os sinos tão cedo, salvo em grandes festas religiosas ou de casamento.

Apesar do período de paz e de tréguas que vivemos desde o nosso batismo, esses pequenos choques lembram-me da prudência que devo ter, por isso, evito sair muitas vezes, como me recomendou Monsenhor Rabah.

Portanto, são os nossos amigos, Said ou as irmãs, que se revezam a vir a nossa casa visitar-nos. Também nos apresentam a outros cristãos estrangeiros, que falam diversas línguas e que partilham a mesma fé e a mesma esperança. Esse sentimento de agora pertencer à Igreja universal suaviza um pouco o nosso exílio. Foi assim que conhecemos um casal de franceses simpáticos e entusiastas, Thierry e Aline. Ele trabalha numa organização humanitária, e ela é de origem libanesa, o que facilita os contatos.

Numa de suas visitas, Said trouxe-me um dos seus amigos, iraquiano como nós. Soube que é originário das montanhas do norte, de uma região de povoamento histórico nos contrafortes do Curdistão,[2] onde numerosos cristãos se refugiaram ao longo dos séculos.[3]

Ao pesquisar um pouco sobre a sua região, descubro com admiração que é da mesma aldeia que Massoud, o primeiro cristão que encontrei. Quando me apresso a dar-lhe a notícia, ele baixa a cabeça. E diz-me que Massoud morreu num acidente de viação, apenas três dias depois de terminar o serviço militar...

Bruscamente, é uma face da minha história que ressurge, como se os anos tivessem apagado um pouco a recordação. Por instantes, penso na família que deixou nesta terra... Também lembro com emoção aqueles meses benditos passados na caserna, com Massoud, quando

---

[2] É ali que se encontra a cidade bíblica de Nínive.
[3] Cf. COURTOIS, Sébastien de. *Le nouveau défi des chrétiens d'Orient*. Paris: Jean-Claude Lattès, 2009.

recitávamos juntos os Salmos e fazíamos os mais loucos projetos para que eu fugisse da minha família. Revejo-me, então, com a alma exaltada pelos relatos do martírio dos primeiros cristãos. Escutava Massoud contar-me que eles não tinham renegado a sua fé nas perseguições e, assim, desejava também ser animado pela mesma força e coragem. Relativamente a perseguições, também não fui poupado...

Lembro-me igualmente da dor que senti quando do desaparecimento inexplicado de Massoud. Como o quis [junto de mim], quando esbarrava nas paredes das igrejas e com os seus padres.

Mas, hoje, que por fim tenho a explicação desse mistério, sinto-me em paz. Por fim, autorizo-me a olhar de frente para essa caminhada progressiva, para essa fuga ininterrupta de treze anos: a minha história, a longa e dolorosa busca que fez de mim um desenraizado, um apátrida, um clandestino.

Na época de Massoud, imaginava-me sem dificuldade a viver na sua aldeia, na sua comunidade cristã, debruçada sobre si mesma, homogênea, tranquilizadora, para lá fundar um lar. Assim, não teria conhecido nem a prisão, nem a tortura nem a angústia do exílio. Em vez disso, tive de deixar a minha família e o meu país. Não tinha escolha, tinha de avançar. Ao fazer isso, também fui conduzido em direção a cristãos excepcionais, como o *Abouna* Gabriel, a irmã Maryam e Monsenhor Bassam Rabah. Graças a eles, acabei por encontrar no meu caminho a porta da Igreja.

Depois do primeiro dia, nunca mais deixei de ter sede, uma sede inextinguível de comungar esse homem-Deus. Uma noite, ele se revelou a mim numa visão que transformou a minha vida. E porque essa comunhão me provoca uma alegria indizível, que enche o meu coração para além do imaginável, ouso esperar que em toda a parte onde a Igreja está presente, doravante, poderei sentir-me em minha casa, apesar do afastamento.

Mas isso não suprime o sofrimento nem a dor da separação: Massoud, a ruptura com o meu pai, com a minha terra... Quem sabe o que teria ainda de sofrer? O futuro ainda é muito incerto e ameaçador. Apesar disso, atualmente, creio que tudo o que acontece participa de um plano de Deus para mim. Ao descobrir tardiamente a morte de Massoud, compreendo que tudo poderia ter acontecido de outro modo. Não teria podido esperar uma vida mais tranquila.

Reconciliado com a minha própria história, sinto-me ainda capaz de mais um passo na confiança, no abandono a essa vontade de Deus tão impenetrável, mas também tão amorosa.

Estou até pronto para, daqui em diante, enfrentar a perspectiva de uma partida deste país onde já tenho muitos amigos. Desde a minha chegada à Jordânia, nunca ousei voltar à embaixada da França para pedir o visto, como me tinha recomendado *Abouna* Gabriel.

Por sua iniciativa, três meses mais tarde, Maryam usou as suas relações para se encontrar três vezes com a cônsul de França, Catherine du Noroit, a pedido de quem um representante do Alto Comissariado das Nações Unidas para os Refugiados (ACNUR) foi um dia ao edifício da embaixada, especialmente, para me encontrar e estudar o meu pedido.

Chamava-se Sofiane, é um advogado de origem argelina. Quando ele chegou, a cônsul e Maryam deixaram-nos um diante do outro para que lhe contasse a minha história. Instintivamente, mostrei-me muito reservado. Sei que esse homem é muçulmano, por isso, não me sinto bem em explicar-lhe a minha conversão, fonte de todas as perseguições que vieram depois. Também me lembro das histórias ouvidas na prisão, em que pessoas tinham sido presas depois de um contato com agências das Nações Unidas.

Por isso, quando ele me pede fotografias e o relato escrito da minha fuga para fora do Iraque, eu me recuso claramente:

— É impossível...

Não tenho argumentos para explicar a minha estranha conduta, porque não quero entrar numa discussão sobre o Islã com ele. Por isso, mostro-me inflexível. Mas isso o exaspera:

— É louco! Nem imagina a sua sorte! Há milhares de iraquianos como você que estão na fila, lá fora, para uma simples conversa como esta... E eu me desloquei à embaixada especialmente por sua causa.

Contudo, Maryam tinha-me explicado, antes de vir, que o ACNUR de Amã tinha sido criado especialmente para os refugiados iraquianos. Acolhe trinta a quarenta famílias por dia e somente 15% dos pedidos são aceitos a cada ano.

Por isso, os refugiados acampam na rua, por vezes durante três dias seguidos, diante da sede, para ter o simples direito de explicar, em cinco minutos, o drama de toda a sua vida e as razões da sua fuga, esperando convencer o seu interlocutor.

O homem que está à minha frente nem quer acreditar.

— Além disso, conheço a sua história! — acrescenta com um ar aflito.

— Se conhece, não é preciso que eu a escreva...

Ao sair da embaixada, conto a cena à irmã Maryam, que fica espantada ao ver o representante afastar-se a toda a velocidade, sem ter-se despedido, com o rosto crispado de raiva. Depois de me ouvir, a religiosa tenta chamar-me à razão:

— Está exagerando! — censura-me ela. — Sofiane tem certamente boas intenções. Nem todos os muçulmanos são tão maus...

—Você é religiosa e pensa que todo mundo é bom. Irá ver que esse argelino não vai fazer nada para nos ajudar. Ao contrário, vai atrapalhar...

É verdade que a nacionalidade de Sofiane não abona nada a seu favor para ganhar a minha confiança. Por reflexo, adotei para com ele a arrogância com tons de desprezo que os árabes do Golfo usam com os seus irmãos do Magrebe.

Devo reconhecer que, nessa questão, subestimei a tenacidade da religiosa, ao pensar que ela iria parar as suas diligências junto do ACNUR. "Como o marido recusa, pensou Maryam, que é tão teimosa como eu, vou falar com a esposa!" Por isso, ela consegue convencer não só a minha mulher Maria, mas também Sofiane, aparentemente arrependido da sua cólera, a encontrarem-se. É muito provável que o argelino, casado com uma francesa e muito bem posicionado nos meios francófonos de Amã, não tenha ousado lamentar-se, mostrando-se abertamente rancoroso, embora o seu estatuto lhe confira todo o poder sobre nós.

Na conversa com o representante humanitário, Maria teve menos escrúpulos que eu: falou-lhe da nossa conversão, da prisão, sem nada dissimular do que pode ferir a fé de um muçulmano.

Algumas semanas depois desse encontro, ficamos sabendo que o ACNUR aceita conceder vistos a Maria e às crianças, mas não a mim! É o próprio Sofiane quem dá a razão, durante uma recepção com franceses. Afirma que tem informações segundo as quais eu contribuí para a destruição de igrejas no norte do Iraque, quando estava no exército. Durante o meu serviço militar, teria participado do extermínio de curdos por meio do uso de gases na mesma região. Consequentemente, a seus olhos, não sou de confiança e a minha conversão também é suspeita, dado que persegui cristãos antes de abraçar a sua fé.

Não há dúvida de que ele sabe o que está fazendo ao empregar esses argumentos perante interlocutores ocidentais, forçosamente cristãos a seus olhos. Sofiane também está certamente consciente da repercussão na Europa da violência de Saddam Hussein contra os curdos. Portanto, a minha participação nessa atrocidade só poderia desacreditar-me.

Quando Maryam me conta a duplicidade desse homem, não me alegro por ter tido razão. Primeiro, porque ele conseguiu semear a dúvida sobre a minha credibilidade. Depois, porque a minha mulher ainda não respondeu à proposta do ACNUR.

Acima de tudo, compreendo que os argumentos apresentados por Sofiane têm a marca da sua pertença ao Islã, embora ele se afirme laico. Como se poderá pôr em dúvida a sinceridade da minha conversão, sob o único pretexto de que eu teria perseguido cristãos? Isso só prova que Sofiane ignora totalmente o Cristianismo e a sua história, a começar por São Paulo, que foi o primeiro grande perseguidor dos discípulos de Cristo...

Mas há ainda uma grande dificuldade. Que conduta deve Maria adotar? Ela tem a seu alcance o visto para ir para a França com os nossos filhos, mas sem mim. Para ela, isso significa o fim das perseguições, a esperança de uma vida mais estável e menos perigosa num país cristão. Talvez pudesse juntar-me a ela mais tarde, depois de ter encontrado um meio de passar a fronteira. Certamente, haverá algum risco, não desprezível, de nunca mais podermos voltar a nos ver. É difícil prever uma vida de refugiado, iraquiano e cristão, tanto na Jordânia como na França... Sobretudo, não quero influenciar Maria na sua escolha, porque meço toda a sua responsabilidade, nomeadamente em relação aos filhos. Corajosamente, ela responde ao ACNUR dizendo que deixou o Iraque por causa da fé do seu marido e da dificuldade de viver publicamente como cristã naquele país em que os que seguem Cristo arriscam-se a ser mortos. Aliás, seria aberrante que ela partisse sozinha com os seus filhos, deixando o seu marido, o primeiro responsável por esse exílio salutar.

Para mim, é a maior prova de amor que recebi da sua parte, ainda maior do que no momento da sua conversão, que, acima de tudo, só dizia respeito à sua consciência. Mas, hoje, é por mim e unicamente por mim que ela assume o risco de ter de enfrentar novos perigos, dos quais está perfeitamente consciente de que não faltarão quando chegar o momento de deixar o país. A decisão da minha mulher tem, para mim, o efeito de um bálsamo sobre a minha honra, manchada pelas calúnias de Sofiane.

Fratricídio

Amã, 22 de dezembro de 2000

Apesar da aproximação do Natal, a nossa pequenina Teresa não consegue vencer sua tristeza. Como todos os anos, o seu irmão Paulo, nascido em dezembro, recebe presentes de aniversário. Mas, dessa vez, para aumentar ainda mais o sofrimento da menina, um amigo, sabendo das nossas dificuldades, ofereceu roupas novas a Paulo.

Ela vê nisso tudo uma grande injustiça. Como os dias não atenuam a sua tristeza, enternecido, resolvo descer à parte baixa da cidade para comprar um pequeno presente, um vestido, que a compensará em relação ao irmão.

Sabia que isso não era realmente prudente: as recomendações são para sair o menos possível e fazer compras no bairro, em vez de ir ao centro da cidade, que, no entanto, é menos caro. Mas, afinal, é Natal e o meu coração de pai fala mais alto que a razão; depois, tento convencer-me, dizendo a mim mesmo que vou num pé e volto noutro.

Ao início da tarde, tenho algumas horas antes de retomar a minha atividade na paróquia. Tomo o "serviço [de táxi]", uns carros ligeiros que levam três pessoas atrás e fazem o trajeto de um ponto a outro, unicamente, até chegar ao centro da cidade. Encontro rapidamente um vestido e, para não perder tempo, espero pacientemente o meu lugar na fila para regressar.

É então que sou interpelado pelos passageiros de um carro, com cinco pessoas a bordo, mas que não distingo bem por trás do para-brisas poeirento. Por curiosidade, aproximo-me do veículo. Erro fatal... Depois de todos esses anos, como é que ainda sou tão pouco desconfiado!

Através da janela, reconheço com espanto quatro dos meus irmãos e o meu tio Karim, o irmão mais novo do meu pai. Outrora, quando vivíamos todos juntos e eu me encontrava no cume do poder, todos eles tinham medo de mim. Hoje, não sou o mesmo homem, mudei. Gostaria de explicar-lhes tanta coisa, de fazê-los compreender quem me tornei. Até hoje não consegui que a minha família assumisse a minha nova crença. Da primeira vez, quando fui conduzido perante o aiatolá Al--Sadr, eu tinha negado a minha fé cristã...

Mas, agora, sinto-me com força e coragem para testemunhar e falar-lhes de Cristo com toda a franqueza. Para mim, é mesmo muito importante poder comunicar-lhes que sou batizado, para que eles, por sua vez, o anunciem a toda a família e aos seus conhecidos. Que ingenuidade!

Saíram todos do carro, menos o condutor, e rodearam-me. Estranhamente, eu não tenho medo. Se for necessário bater-me, sou até maior que eles e, também, mais vigoroso. É verdade que perdi a minha influência sobre eles, mas ainda me sinto capaz de me fazer respeitar, aos murros, se for preciso.

É claro que nem por um segundo imagino que eles possam ter armas. Por isso, não fiquei verdadeiramente receoso quando um deles me ordena, empurrando-me para o assento de trás:

– Anda, vem conosco, vamos conversar. E, sobretudo, nada de escândalos neste país estrangeiro!

Apesar do tom brutal, confio na minha força. Vejo nesse encontro uma boa ocasião para explicar-me, de uma vez para sempre, com a minha família. Finalmente, vou poder regularizar, indiretamente, as minhas contas com o meu pai e dizer-lhe, sem rancor, tudo o que ele me fez sofrer, que há muito tempo guardo no coração.

Entro no carro. Numa dezena de minutos, saímos da confusão de Amã e encontramo-nos num vale desértico. Lentamente, o carro para no acostamento. A tensão é palpável. Começo a interrogar-me se não terei cometido um erro ao aceitar vir com eles. Estamos sós. Se acontecer alguma coisa, não terei nenhuma ajuda por perto. Mas os dados estão lançados. Saímos para discutir.

Durante três horas, cada um tenta convencer o outro: eles, da necessidade e das vantagens que teria em regressar para junto do meu pai; eu, da boa fundamentação do Cristianismo que me impede de voltar a ser o Mohammed de antes. Apesar da ameaça que percebo nos seus olhos e nas suas atitudes, não estou descontente por poder testemunhar publicamente a minha fé, por falar-lhes de Cristo. Aconteça o que acontecer, essas palavras não terão sido perdidas... Assim, tenho a impressão de que participo na derrocada do Islã, embora saiba, pela minha triste experiência, que o peso da sociedade islâmica é um travão poderoso à conversão.

As notícias da minha família, que vou rebuscando ao longo da discussão, dão-me um novo exemplo disso. Por isso, fico sabendo que a nossa fuga criou um conflito entre as nossas duas famílias, a dos Mussaui e a da minha mulher. Ao cabo de um mês, a polícia encontrou o carro que eu tinha abandonado no parque de estacionamento de Bagdá. Graças ao número, puderam chegar até o meu pai. Ele compreendeu imediatamente que eu tinha deixado o país, o que o pôs furiosamente. A família da minha mulher também reagiu muito mal. Para eles, a nossa partida, todos juntos, só podia significar uma coisa: a sua filha tinha concordado, porque também se tornara cristã, o que eles não poderiam suportar. Por isso, a sua dor transformara-se em recriminações contínuas contra os Mussaui, a quem acusavam de não se terem suficientemente ocupado da sua nora, Anouar. Foi, sobretudo, o meu pai a quem mais responsabilizaram, porque fora a ele que tinham entregado a sua filha...

Hoje, vejo que nessa sociedade a afeição pouco conta, quando a honra da família está em jogo.

Moralmente, este dia é o golpe mais duro de aceitar: admitir que foi o meu tio Karim quem primeiro tirou um revólver e o apontou para mim. Vejo que ele tem os nervos em frangalhos, esgotado por não ter podido convencer-me. Mas como poderá chegar a tal extremo comigo, se outrora tanto o protegi?

Lembro-me ainda das somas que ele tirava, sem devolver, da caixa da família que o meu pai mantinha. Cada varão tinha o dever de pôr nela a sua contribuição anual, mas também podia tirar de lá quando precisasse. Para os devedores, as regras estabelecidas por meu pai eram muito estritas: nem um só dia de atraso. Assim, batia-me por defender Karim perante a intransigência paterna.

Se o meu pai o escolheu para esta missão, é porque está pronto a tudo para reconduzir-me. Tudo, inclusive servir-se de alguém em quem não confiava muito. O que também quer dizer que não é para tranquilizar-me que o meu tio está autorizado a usar essa arma, que aponta para mim neste momento... O meu pai deve ter-lhe dito: "Deve trazê-lo vivo ou morto!".

O que aconteceu depois é para mim um mistério. Por que será que a primeira bala não me atingiu? Que voz interior é esta que me segredou que fugisse a toda velocidade? E as outras balas, as que passaram perto de mim, assobiando nos meus ouvidos... por que me pouparam?

Antes de cair inconsciente, os meus últimos pensamentos são de espanto por ter sentido apenas a queimadura de uma única bala, da que me fez cair na lama, neste vale desertificado pelos homens.

Quando acordo, estou à porta de um hospital. Ainda semiconsciente, sinto que me levam através de uma porta com duplo batente e ouço alguém segredar-me: "É a entrada das emergências!". Tenho a cabeça embaciada, com uma dor lancinante na perna e a impressão de sair de um sonho mau, um longo e penoso pesadelo. Ao entrar no hospital, vou recuperando lentamente os sentidos, o suficiente para que ressurjam as imagens violentas das últimas horas. Tenho quase a sensação dolorosa de reviver outra vez o atentado contra mim. Ainda ouço o barulho ensurdecedor dos tiros ecoando na minha cabeça.

Esgotado, apoio-me contra a parede, enquanto espero o médico que deve examinar-me. Fazendo uma breve inspeção, verifico com raiva que o meu aspecto é lastimável: estou molhado dos pés à cabeça, cheio de lama e persuadido de ter sido crivado de balas, de tal maneira que ainda sinto sua queimadura.

Olhando mais de perto, noto que a minha roupa molhada está furada no intervalo vazio entre o braço e o tórax. Fico lívido. Entre a vida e a morte foi questão de uns poucos centímetros! Na minha infelicidade, tive a sorte extraordinária de Karim ser muito mau atirador e ter errado, apesar de o primeiro tiro ter sido à queima--roupa... Não tenho dúvida: fui protegido!

Outra coisa incrível, aguentei tudo isso e ainda tenho o pacote com o vestido da minha filha. Está cheio de terra, mas não o larguei na minha corrida nem quando me trouxeram para este hospital... Aliás, não consigo dizer por qual espécie de milagre fui encontrado inconsciente à beira do caminho.

Quando o médico chega e me leva a uma pequena sala, onde se encontra uma maca móvel, fico impressionado com o seu olhar, onde leio uma interrogação muda, mas insistente. Certamente a minha roupa esfarrapada... Sinto-me obrigado a confessar-lhe toda a verdade, para tranquilizar a sua desconfiança:

– Tenho um problema: dispararam contra mim...
– Chamou a polícia?

Eis uma pergunta que me apanha totalmente desprevenido. Na loucura dessas últimas horas, concentrei--me no meu estado de saúde física, e não no caráter criminal do atentado que me visou.

Do ponto de vista do médico, seria lógico que, em primeiro lugar, eu avisasse a polícia. A não ser que...

Repentinamente, surge-me uma ideia:

– Ouça, gostaria de saber se estou verdadeiramente ferido e se é grave. O que lhe peço é que me examine e me diga se a minha vida está em risco. Se sim, então chame a polícia. Se não, vou-me simplesmente embora para minha casa... Não quero histórias!

Mesmo ferido, sei que me arrisco a ser expulso, se tiver de enfrentar as autoridades. Aos olhos da lei jordaniana, estou em situação irregular. Se descobrirem que, além disso, eles dispararam contra mim porque sou um convertido, será bem provável que me eliminem para cumprir a lei islâmica!

Depois de me ter examinado, o médico deixa-me só com os meus pensamentos, estendido na cama metálica.

Essa ausência reaviva as minhas preocupações. Imaginando o pior, vejo-me já algemado e atrás das grades... Mas, felizmente, vejo com alívio que o médico regressa, acompanhado não por um policial, mas por uma religiosa. Daqui em diante tenho a certeza de que estou em boas mãos: as do bom Deus ou quase!

Trata-se da responsável do hospital, que foi imediatamente avisada sobre esse caso pouco habitual no seu estabelecimento. Diante dela, sinto-me suficientemente confiante para lhe perguntar se conhece irmã Maryam, nessa comunidade cristã reduzida a algumas dezenas de milhares de fiéis. E, precisamente, a irmã acaba de sair do hospital, onde costuma visitar doentes. Sem dúvida, até nos cruzamos. Estou realmente com sorte!

Chamada ao telefone, a religiosa volta imediatamente ao hospital. Enquanto espero, interrogo a diretora sobre o meu estado de saúde. O médico confirma-lhe que a ferida não é grave. Só foi atingida a barriga da perna. Respiro... Vinte minutos depois, a irmã Maryam irrompe na salinha, esfalfada por ter corrido. Em poucas palavras informa-se sobre a minha situação médica e pede que eu fique no hospital para ser tratado, por uma questão de prudência.

Curiosamente, a diretora meneia a cabeça em sinal de recusa. Pressionada por Maryam para se justificar, ela confessa, um pouco incomodada, que não é possível internar-me.

– É demasiado perigoso para o hospital, pode até ser fechado definitivamente se a notícia se espalhar. E, depois... é o próprio Monsenhor Rabah que me ordena que mande embora este homem...

Maryam está furiosa. Eu não sinto nenhum rancor, porque tenho muito afeto a Monsenor Bassam

Rabah. Compreendo as suas razões, o peso das responsabilidades, a prudência necessária para não pôr em perigo toda a comunidade. É verdade que a minha vida não está ameaçada, pelo menos por causa do meu ferimento à bala.

Não posso impedir-me de me sentir novamente rejeitado, como um pestilento, porque cometi o grande crime que existe em terras de Islã: reneguei o Alcorão e escolhi o Cristianismo. Onde está a justiça nisso tudo? Terei de fugir durante toda a minha vida para expiar a minha falta?

Diante dessas perguntas, sinto-me terrivelmente só. A diretora baixa os olhos e nem pousa o olhar sobre mim. Não há dúvida de que ela tem, confusamente, consciência da dureza da sua decisão, embora não conheça a minha história. Mas a religiosa fez uma escolha. Não posso censurá-la por isso. No seu lugar, talvez eu tivesse agido da mesma maneira...

Graças a Deus que há uma Maryam. Como sempre, ela mantém a cabeça fria. Admiro a sua inteligência prática que lhe permite conservar o domínio dos acontecimentos nas situações mais perigosas.

Pede imperiosamente à diretora que chame um táxi para mim. A sua ideia é meter-me nele, enrolando-me num pano branco, para me dissimular aos olhos dos curiosos.

Sábia precaução: de fato, é bem possível que os meus irmãos ainda estejam nestas paragens vigiando as entradas e saídas do hospital. Depois de tudo, ainda não sei quem foi o bom samaritano que me levantou da beira da estrada. Maryam, a quem conto o atentado, afirma que cruzou com alguém que saía do hospital no momento da sua visita anterior. Ela reparou nele porque arrancou rápido na saída, quando o costume é o inverso: chegar a toda a velocidade...

"Mais um que corre para chegar em casa depois de um dia de jejum, durante o Ramadã", pensou a religiosa...

Provavelmente, também a precipitação do meu salvador se devesse ao risco que correu ao pegar em mim, ferido, sem saber se eu era um criminoso perigoso. Pelo menos, isso valeria algumas suspeitas e longas explicações à polícia. Ou, então, outra hipótese, ele pode ter assistido a toda a cena do atentado de que fui vítima e ter fugido logo depois de me depositar no hospital, com medo de ser seguido pelos meus assassinos.

Embrulhado no lençol, no banco de trás do táxi, perco-me em conjecturas sobre a identidade do benfeitor e, mais ainda, sobre o mistério do meu salvamento em pleno deserto. Poderia ter ficado estendido à espera de socorro esvaindo-me em sangue. Outro mistério:

como é que esse desconhecido pôde levar-me, sozinho, até seu carro, com os meus noventa e cinco quilos bem pesados? E o que fez para que os meus irmãos fugissem, sem verificar se eu estava morto? Será negligência ou pânico de estarem muito longe e de terem de explicar aquilo a meu pai? Ou talvez, ainda, ter-se-ão perturbado com a chegada do meu benfeitor... Nunca terei resposta a estas perguntas, mas bendigo o céu por sua proteção, qualquer que tenha sido o instrumento.

Ao cair da noite, o táxi chega à igreja, ao mesmo tempo que Maryam. Teve tempo de prevenir a minha família e também três médicos, um dos quais cirurgião; todos cristãos e amigos da religiosa, portanto, nada a temer quanto à sua discrição.

A minha mulher está aterrorizada. Treme quando pensa que os meus irmãos podem aparecer. Os nossos filhos agarram-se a ela, inquietos perante o medo da mãe. Aperto-a contra mim, sem conseguir dizer uma palavra para acalmá-la.

Estou completamente esgotado. Sinto-me fatigado, física e moralmente, esvaziado por essa luta contra a adversidade. Independentemente do medo de morrer, estou extremamente chocado por ter visto os meus irmãos dispararem contra mim.

Talvez seja isso o mais difícil de aceitar: tenho a sensação de que se desencadeou contra mim uma violência fria e implacável. E o fato de vir da minha família aumenta ainda mais a brutalidade do ato. É uma traição que me atinge no mais profundo, onde, até então, o amor paterno me tinha dado base sólida e confiança na vida.

Mesmo a provação do encarceramento não tinha destruído essa certeza, porque via que o meu pai, apesar de tudo, continuava afeiçoado a mim. A vida no seio do meu clã tinha-se tornado impossível, mas, com o afastamento, pensei que pudéssemos novamente nos entender e nos aceitar, apesar das nossas diferenças religiosas. Atualmente, verifico com imensa tristeza e grande amargura que não há nada disso: os nossos laços estão definitivamente rompidos.

Um grito de dor arranca-me ao meu abraço a Maria. Bruscamente, sinto que a dor da ferida desperta. Tenho de me deitar para não cair no chão.

À minha cabeceira, um dos médicos explica-me, depois de me ter examinado, que a bala entrou, mas não saiu, por isso, há só uma ferida. Depois, ele mostra-me o local onde ela certamente ainda está, e que ele pode sentir sob a minha pele.

O clínico diz que o meu sofrimento tardio é completamente lógico, no caso de uma ferida causada por arma de fogo. No momento do disparo, quase não senti nada, porque a temperatura do projétil era muito elevada; somente depois de a bala arrefecer é que a dor aparece, como um dardo...

O que é mais incômodo é que a bala esta alojada na barriga da perna. Isso significa que é preciso fazer uma incisão para retirá-la; por isso, é preciso um centro cirúrgico e, logo, um hospital... Mas onde? Os três colegas, ajudados por Maryam, põem-se a telefonar a todas as clínicas privadas das redondezas para que me aceitem. Tempo perdido! Ninguém quer assumir o risco de acolher um ferido por bala. É demasiado perigoso, porque isso implica certamente terem de comunicar à polícia.

Durante esse tempo, estendido na minha cama, com a perna no ar, ouço-os discutir a melhor solução para essa situação perigosa. Se não for operado rapidamente, arrisco-me a ter uma infecção no osso: a chaga é profunda e tem certamente muita sujeira proveniente da lama em que caí. O que a curto prazo pode implicar uma amputação...

Sou forçado a encarar essa perspectiva angustiante quando, de repente, sinto um líquido quente deslizar ao longo da minha perna até a coxa.

– Venham! Estou sangrando... – gritei enlouquecido.

Os três médicos precipitam-se para mim e verificam que, efetivamente, o sangue corre, mas do outro lado da barriga da perna, oposto ao local por onde a bala entrou. Não compreendo o que está acontecendo. Tenho a impressão desagradável de que os médicos foram superados. Diante de mim, os três especialistas estão de braços caídos, imóveis diante desse fenômeno aparentemente não referenciado por sua ciência.

Tenho vontade de gritar, meio por medo e meio para despertá-los de seus devaneios. Contudo, o cirurgião recompõe-se e prepara-se para fazer um curativo. Toma a perna, começa a envolvê-la com um tecido branco, quando seu movimento se detém.

Ele apalpa novamente a barriga da minha perna:

– A bala...

– Que tem? – perguntam em coro os outros dois.

– ... Desapareceu!

E o três médicos começam a apalpar a perna, cada um por sua vez. Depois, passam um pente fino no quarto onde estamos, sem conseguirem encontrar o famoso projétil. Ninguém encontra a bala!

Acabo por me divertir com esse pequeno incidente que dura uma boa meia hora sem resultado... Até me esqueço da dor que para, sob o efeito do espetáculo que tenho diante dos olhos.

Como não encontram a bala, um dos médicos acaba o curativo. Por consciência e orgulho profissionais, ele compromete-se a encontrar, no dia seguinte, um hospital que aceite fazer uma radiografia para que a ciência retome os seus direitos perante o inexplicável.

Na manhã seguinte, sou novamente enrolado num cobertor e levado por Maryam a um hospital. Surpresa: a radiografia não mostra nenhuma lesão no interior da minha perna.

Com semelhante ferida, o osso deveria ter sido afetado e teria sido necessário encurtar a perna. Mas, ao contrário, parece que a bala deve ter seguido uma trajetória estranha na batata da minha perna, pois não tocou no músculo nem no osso. O que faz pressupor que o projétil andou em zigue-zagues para entrar por um buraco e sair por outro!

Uma hora mais tarde, já no carro de regresso a casa, o médico que tinha insistido em levar-me ao hospital, agnóstico, confia a Maryam que esse dia deve ser registrado. Tudo o que viu, desde a véspera, abala seriamente as suas convicções de médico racionalista. A partir de agora, pode crer até na ressurreição de Cristo!

Como não sou médico, não tenho nenhuma dificuldade em acreditar na ideia de uma intervenção divina a meu favor. Além do mais, não seria a primeira vez, e é preciso acreditar que nos habituamos a tudo, até aos milagres...

O que me espantou foi ter me recuperado tão rapidamente do meu ferimento. Em menos de uma semana, a chaga desapareceu e não sinto quase nada. Eis-me quase de pé, se nos esquecermos da muleta que acompanha provisoriamente as minhas deslocações.

De uma fuga a outra

Kérak, 26 de dezembro de 2000

Quatro dias depois do atentado, em plena noite, a irmã Maryam conduz-nos precipitadamente a uma aldeia perdida no sul, na região de Kérak, a três horas de Amã.

Sinto-me culpado. Tudo isso é um pouco por minha causa. A religiosa tinha-me aconselhado, insistentemente, a não sairmos do nosso apartamento. Apesar de tudo, eu saí para ajudar o padre da paróquia.

Sem mim, e com cuidados de saúde, ele anda perdido nessa nova igreja que eu conheço como as palmas das mãos, certamente melhor que ele. Até para desligar a eletricidade, ele não passa sem mim... Então, ainda que de muletas, respondi a seus pedidos de ajuda, apesar de comprometer a nossa segurança. Quando Maryam, que veio visitar-nos, fica sabendo disso, enfurece-se:

– Não percebe os riscos que corre? Se alguém o vir, é um homem morto!

Nessa noite, tivemos de acordar os nossos filhos no meio da noite e mudar toda a família sem prevenir o padre que, com toda a certeza, se oporia à nossa partida. Enfrentando a fúria da nossa protetora, atrevi-me a dizer que queria despedir-me desse valente eclesiástico com quem tive tanta alegria a tratar daquela igreja. Mas a firmeza e a intransigência da irmã Maryam não me permitiram fazer isso...

Finalmente, obedeci sem contestar. Instruído pela experiência, já sei que a nossa segurança depende de nossa discrição.

Depois de rodar algumas horas de carro na noite escura, numa estrada deserta que serpenteia por desfiladeiros e vales, chegamos finalmente a uma pequena comuna. Aqui vivem as tribos que se mantiveram cristãs, num aglomerado na sua maioria muçulmano. Maryam visitava-os de tempos em tempos para sessões de catequese.

Sempre previdente, a religiosa faz rapidamente algumas diligências para nos permitir ter autonomia, bastando-nos, durante alguns dias, uma pequena casa anexa à igreja da aldeia. Depois de ter verificado que estamos bem instalados, deixa-nos, prometendo voltar dali a dois ou três dias, com outras provisões.

Uma noite, em sua segunda visita, Maryam faz-nos a surpresa de vir acompanhada de Umm Farah. A viúva de Fouheis insistiu tanto para nos visitar que a religiosa acabou por ceder.

O serão prolonga-se até tarde sem que nenhum de nós ouse quebrar a frágil harmonia dessa festa. Isso altera grandemente a nossa monótona reclusão! Maria e eu sabemos o quanto a nossa situação é precária, por isso, estamos felizes por encontrar um pouco de calor junto dos nossos amigos.

Por volta das dez horas, batem violentamente à porta. Uma voz forte faz-nos sobressaltar:

– Polícia!

Fico paralisado, incapaz da mínima reação.

Nunca teria imaginado que me pudessem encontrar neste canto perdido. Até Maryam, que habitualmente é uma mulher cerebral, parece perdida, repentinamente aniquilada por esse novo contratempo.

Os policiais, que parecem ser pelo menos dois, continuam a bater à porta, a intervalos curtos, mostrando a sua impaciência.

Então, tomando a iniciativa e com toda a sua coragem, Umm Farah levanta-se e dirige-se com determinação para a porta. Entreabre-a prudentemente:

– Que desejam?

– Queremos ver o iraquiano que está aí! Para ver se os seus documentos estão em ordem...

– Entrem – convida-os calmamente Umm Farah, abrindo inteiramente a porta.

– Não – responde-lhe com firmeza um dos dois homens. – A nossa missão é levá-lo para interrogá-lo no posto de polícia.

– Façam favor, tomem um café – insiste a viúva, pegando-lhes por um braço e dirigindo-os para o interior, com uma voz benevolente, mas imperiosa, de dona da casa que não transige quanto ao respeito às leis da hospitalidade.

Diante de tanta delicadeza, conscientes de que não tinham escolha, os dois policiais à paisana sentam-se na sala diante de mim. Repentinamente, parecem entorpecidos, sem dúvida, menos à vontade no terreno das conveniências do que a fazer interrogatórios. Mas o seu constrangimento dura pouco e rapidamente retomam a sua postura de inquiridores:

– Como se chama esse homem que está diante de nós e que, estranhamente, se parece com o que procuramos? – perguntam, dirigindo-se a Umm Farah.

— Chamo-me Youssef... – respondo, quase pedindo desculpa por ter tomado a palavra.

Mas não vou mais longe: sou incapaz de formular mais do que três palavras coerentes e de ter alguma ideia sobre como vou sair deste aperto. Felizmente, Umm Farah vem novamente me socorrer:

— Suponho que conhecem Raad Balawi; também está na polícia, bastante bem colocado, creio eu... É meu filho!

Por momentos, lê-se espanto na face dos dois policiais. O seu rosto mostra que temem aborrecimentos. Então, perante os nossos olhos espantados, Umm Farah aproveita o efeito surpresa e vai mais longe, virando o interrogatório:

— Podem me dizer exatamente o que procuram? – diz-lhes com um sorriso encantador. – Se puder, terei muito prazer em ajudá-los...

— Procuramos um iraquiano que tem uma mulher e dois filhos – interveio o mais velho. – O homem que está aqui com a senhora corresponde ao perfil. Queremos saber se é realmente ele. Mostrem-nos o seu passaporte...

Esse homem tem o tom de quem costuma ser obedecido. Deve ser o chefe. Parece não se ter impressionado com o tom falsamente amável de Umm Farah ou, então, isso não o fez esquecer o seu dever.

Então, a nossa protetora tenta uma última escapatória:

– Infelizmente o seu passaporte está na embaixada. Prometo-lhes que o levo amanhã...

Estas últimas palavras de Umm Farah foram pronunciadas num tom bem menos seguro, que se parecia mais com uma súplica... Temo que, daqui em diante, tendo esgotado todos os argumentos, já não haja outra solução senão segui-los. O futuro parece-me de novo sombrio...

Mas a ordem temida não vem. Atordoado, vejo, pelo contrário, os dois policiais levantarem-se e despedirem-se, embora me lancem olhares de suspeição. Não ficaram convencidos da minha inocência, mas, pelo menos, vão-se embora. Desejo abraçar Umm Farah pelo seu sangue-frio e pela maneira como ela conseguiu contornar a situação.

É muito provável que o ar distinto da viúva, assim como também as suas relações tenham conseguido manter à distância os policiais, para que não se atrevessem a usar a sua autoridade e levar-me à força para o posto policial.

Durante os minutos decisivos dessa guerra de nervos que se travava diante de nós entre Umm Farah e os policiais, cada um de nós, observadores passivos, nem sequer respirava... Por fim, Maria serve-nos uma bebida, para acalmar os nossos nervos esgotados.

— Por que será que — digo admirado — Umm Farah insistiu tanto para vir precisamente nesta noite? Seja como for, é extraordinário! Sem ela, não teria conseguido aparentar ser outra pessoa diante dos policiais.

— Além do mais — nota a viúva —, eles deviam ser do serviço secreto, porque não estavam fardados.

Mas isso não explica como me encontraram tão rapidamente... Eis um mistério que se junta ao da presença dos meus irmãos em Amã.

Começo a acreditar que sou constantemente vigiado, de maneira invisível, talvez mesmo por satélite. Não há dúvida de que isso é paranoia minha, mas é a única explicação que encontro para essas coincidências. E, se o serviço secreto me localizou até numa aldeiazinha, já não estou em segurança em parte alguma.

Maryam tem outra explicação: algum conflito entre dois vizinhos da aldeia, nos últimos dias, pode ter se agravado, como frequentemente acontece. E ele teria servido de bode expiatório; é fácil lançar a culpa num estrangeiro e denunciá-lo às autoridades.

Seja como for, estamos em perigo. Temos novamente de fugir; mas para onde? Umm Farah propõe que voltemos a Fouheis, para ganhar tempo e encontrar outra solução.

No dia seguinte, às quatro da manhã, Maria e eu despertamos os meninos e tomamos a estrada de Amã. Sem pena, deixamos esta comuna onde olhavam para nós com desconfiança. Até a irmã reconhecia com pesar que não poderia mais vir em missão aqui: tornou-se demasiado perigoso para ela. Teria de enviar outras religiosas.

Para não nos arriscarmos a que nos mandassem parar, não vamos pelo caminho da vinda que, embora seja o mais direto, também é o mais frequentado e, portanto, suscetível de ser vigiado pela polícia.

Chegamos a Fouheis no início da manhã. O objetivo é sair daqui o mais depressa possível. É preciso telefonar a Monsenhor Rabah e suplicar-lhe que encontre um local onde nos possamos esconder. Sem resultado.

Quatro horas mais tarde, entramos no carro, com as crianças nos joelhos, para ir ao norte do país, para Zarka. É uma cidade suficientemente grande para que a nossa presença passe despercebida. E Maryam tem contatos com os missionários que lá possuem uma escola técnica e uma paróquia.

Na estrada, a religiosa explica-me que essa cidade industrial é muito conhecida. Foi lá que, em setembro de 1970, três aviões foram desviados por terroristas palestinos. A partir de então, o rei Hussein decidiu expulsar os refugiados palestinos do país, durante a operação Setembro Negro.

Decorridos vinte quilômetros, o automóvel para diante de um colégio, onde obtivemos, graças à religiosa, a possibilidade de ocupar uma parte do dormitório, durante uma dezena de dias, o tempo das férias escolares.

À espera

Zarka, fevereiro de 2001

Com o regresso dos alunos, mudamo-nos para uma casa espaçosa, emprestada por Monsenhor Rabah e afastada da cidade. Quando chegamos, tenho a boa surpresa de descobrir, anexa ao edifício, uma pequena capela no meio de um grande terreno cultivável. Provavelmente ficaremos alguns meses, o tempo de Maryam prosseguir as longas diligências administrativas com o objetivo de conseguir o visto.

Doravante, estou convencido disso: uma vez mais, temos de exilar-nos. Aqui ou no Iraque, para os cristãos, a vida será sempre difícil, não só porque esses países reconhecem a lei islâmica, a charia, como única fonte do direito, mas também porque não autorizam essa liberdade fundamental de poder mudar de religião, abandonando o Islã.

Espero, mas sem acreditar muito, não sermos obrigados a fugir para o Ocidente, onde a língua seria um grande obstáculo à nossa integração. Se pudesse escolher, inclinar-me-ia a um país árabe em que se admitisse mais facilmente a liberdade de consciência. Penso nomeadamente no Líbano, onde os cristãos ainda têm um lugar oficial e reconhecido ou, então, na Síria.

Seja qual for a nossa decisão, a saída da Jordânia representará certamente, para nós, uma nova provação, um obstáculo difícil de ultrapassar. Em todo caso, pude ouvir de um antigo militar reformado, tio de Umm Farah, com quem me abri, que existe um risco muito grande de sermos presos na fronteira.

Por agora, recuso-me a atormentar-me com essa ameaça, porque temo outras preocupações mais imediatas.

Primeiro, tenho de encontrar uma escola para o nosso pequeno Paulo, que não pode interromper durante muito tempo uma escolaridade já irregular por causa das nossas muitas errâncias.

Graças a Monsenhor Bassam Rabah, foi acolhido numa pequena escola cristã. Todas as manhãs, um carro vem buscá-lo e trazê-lo à tarde. Quando chega, fecho as portas à chave, com duas voltas, e ponho trancas nas janelas, enclausurando-nos até o dia seguinte de manhã, a não ser que tenhamos alguma visita programada.

A conselho de Maryam, nunca saímos, a não ser para ir à missa, nem abrimos a porta para ninguém, sob nenhum pretexto, salvo que haja alguma visita de amigos já marcada.

Não tenho tranquilidade e, talvez, nunca a venha a ter. Atualmente, é o medo que me guia, o medo de que os policiais me encontrem, mas também o medo do ambiente muçulmano à volta da casa. Porque não tenho certeza de que sejamos bem-vindos na vizinhança.

Às vezes, ao fim do dia, ficamos sobressaltados ao ouvir pancadas secas sobre a casa, como uma saraivada forte. Uma noite, para certificar-me, saí e verifiquei com inquietação que se tratava de pedras atiradas da rua. Mas, é claro, ninguém reivindicou essa ação maldosa.

Os habitantes que nos rodeiam devem ter percebido que o pequeno casebre estava novamente cheio e aproveitam para manifestar a sua hostilidade ao Cristianismo, simbolizado pela presença da capelinha.

Já estou habituado a essa violência da parte dos muçulmanos e até conheci coisas piores do que isso. Mas tremo pelos meus filhos que, cada vez mais inquietos, se refugiam, agarrando-se a Maria ou a mim.

Apesar dessa animosidade do exterior, passamos aqui dias e semanas felizes, fechados em casa, mas visitados pelos amigos, Maryam, Umm Farah, Monsenhor Bassam Rabah, Said e a sua família, com quem partilhamos refeições amistosas.

É bem provável que a incerteza do nosso futuro conte muito para que sintamos isso. Apreciamos com mais intensidade esses momentos abençoados, como um oásis antes de entrar ou reentrar no deserto da nossa vida de exilados. Esses momentos de amizade têm paradoxalmente um sabor de eternidade, precisamente pelo seu caráter fugitivo e, sem dúvida, também pelo tempo que passamos a orar em família na capela.

Graças ao livrinho de cânticos da missa e ao Evangelho que o pároco da paróquia do Espírito Santo, onde estivemos, nos deu, alimentamos a nossa oração com a Palavra de Deus e os cantos de louvor.

Dia a dia, recebo dos Salmos uma serenidade e uma confiança que me espantam, dado que estamos numa situação muito incômoda. Em vez disso, tenho em mim, de modo incompreensível, como que a certeza de que nunca serei abandonado.

Também chego a ocultar completamente o pensamento da certeza da nossa partida, e prefiro concentrar-me no dia a dia.

— O que mais desejo – confiei um dia a Maryam – é poder trabalhar...

— Não me fale mais de trabalho nem de saídas, porque me faz aumentar a pressão arterial!

Então, encontro consolo cultivando alguns legumes no terreno que rodeia a casa, mas isso não me basta. Preciso ganhar a vida para não depender da generosidade das irmãs.

Um dia, num acesso de independência e orgulho, recusei as provisões trazidas por Maryam.

— Paguei-as com o seu dinheiro – responde-me a religiosa suspirando –, com os dois mil dólares que deixou.

Não tenho certeza de que seja verdade. Mas, secretamente, inquieto-me por ver o meu pequeno pecúlio ir-se derretendo como neve ao sol!

Adeus ao Oriente

Zarka, julho de 2001

Durante o nosso exílio longe de Amã, Maryam ocupa-se do nosso dossiê na embaixada. É nossa única chance de obter os vistos de partida, depois do fracasso de uma primeira tentativa junto do Alto Comissariado para os Refugiados. Em segredo, ela ativa os seus contatos, sem me referir exatamente em que direção trabalha nem para que destino.

Em finais de julho, anuncia-me triunfalmente que conseguiu obter vistos e que nos serão entregues na condição de encontrarmos uma família de acolhimento na França. Confia-me que o atentado que sofri foi muito útil junto das autoridades francesas.

Dois dias mais tarde, fui à embaixada da França para ser recebido pela cônsul francesa, Catherine du Noroit, adquirir os preciosos documentos e acertar os últimos pormenores da nossa partida.

Ao dirigir-me para essa entrevista, não ouso fazer perguntas a Maryam. Fico sabendo que vão confirmar a necessidade da minha fuga para a França. Não conheço o país, mas, para mim, significa uma coisa: deixar essa região, a minha região, e o mundo árabe, para ir a uma terra em que serei um estrangeiro e cuja língua não domino.

A irmã Maryam confirma ainda que a nossa partida está iminente, no máximo dentro de um mês. Esta notícia aperta-me a garganta e quase sufoco, e a ideia da partida súbita provoca em mim tanta angústia que me corrói.

Portanto, é com um nó no estômago que entro, com Maryam, na embaixada, por uma porta escondida na parte de trás do edifício. Apesar dessa precaução, nos corredores cruzamos com um iraquiano que olha para mim longamente e acaba por nos dizer: "Já o conheço!". Não respondo, fazendo de conta que não percebi. Mas essa interpelação inesperada não me deixa esperar nada de bom a seguir...

No gabinete da cônsul, fico um pouco afastado, ligeiramente intimidado. Deixo que a irmã Maryam conduza tudo, como é seu hábito. As duas mulheres conversam um momento em voz baixa. Não entendo uma só palavra do que dizem, mas, rapidamente, vejo a religiosa empalidecer. Cerro os dentes, para perguntar:

– Que se passa? Não mintam para mim!

É a religiosa quem me responde com um gesto de impotência:

– Há um problema...

Calo-me, pressentindo a catástrofe e já resignado ao pior.

– O nome de vocês já está nos registros da fronteira...

– O que isso quer dizer?...

– Significa – interveio Catherine du Noroit – que, provavelmente, estão sendo procurados pela polícia da

Jordânia. Portanto, mesmo que a França lhes conceda um visto, o que é o caso, arriscam muitíssimo se pretendem apanhar um avião.

Fiquei aniquilado. Primeiro, confirma-se que o destino final é a França, o que não é francamente motivo de alegria. Além disso, há pouquíssimas probabilidades de conseguir atingir esse objetivo com perseguidores invisíveis atrás de nós.

E, mesmo que consigamos atravessar a fronteira no aeroporto de Amã, imagino, com terror, que seremos perseguidos por agentes secretos até onde formos, tanto na França como no Iraque ou na Jordânia. Nunca conseguirei escapar do desejo de vingança da minha família... Vejo-me já detido e preso na França, precedido por essa ameaça permanente que pesa sobre mim.

Mas a irmã Maryam parece ter recobrado o seu sangue-frio habitual e dirige-se energicamente à cônsul:

– A embaixada de França deve fazer alguma coisa para tirá-lo daqui! Ordene que o deixem partir com a família.

Confesso que não acredito muito nisso. Estou cada vez mais pessimista em relação às probabilidades de sairmos vivos dessa caça ao homem em escala internacional.

Até o presente, tenho fé na proteção divina, mas também conto com as minhas forças, com a minha resistência ao mal, para atravessar e triunfar sobre as provações mais duras. A propósito, sinto certo orgulho, dado que tenho tido sempre sorte. Chegando neste estágio em que já não tenho em mim mais recursos, mais nenhuma chance concreta de sair desse impasse, a minha única opção é abandonar-me aos desígnios inexplicáveis da Providência.

Aos olhos dos homens, a situação parece muito comprometida. Talvez, até, eu deva aceitar esse fracasso na minha vida. Vejo-me morrendo gloriosamente como mártir pela causa de Deus: eis-me condenado a errar como um pobre animal que sabe instintivamente que um dia vai cair nos laços do caçador.

Ter aguentado todos esses tormentos para acabar como um miserável entristece-me infinitamente. Já só tenho por recurso a minha pobre oração, a custo formulada; aliás, os meus pensamentos parecem sobretudo uma luta sem esperança contra mim, a qual persisto em continuar para não naufragar numa amargura destruidora. Desse modo, os meus adversários venceriam a minha resistência, sem terem de sacar de nova arma. O Islã e a sociedade que emana desta religião privar-me-ão da liberdade mais elementar.

Em poucos dias, a obstinação de Maryam compreendeu a minha tendência ao fatalismo. Não há dúvida de que ela possui uma fé ligada ao corpo, mais enraizada: essa fé profunda que transporta montanhas. A fé e algumas relações bem oportunas! À força de voltar a questão em todos os sentidos, a religiosa lembrou-se de que uma das irmãs da sua comunidade dava catequese à mulher de um alto funcionário da embaixada da França: Pierre Tivelier.

No dia seguinte, a sua esposa recebia o dossiê que continha o conjunto das minhas diligências, a minha história e algumas fotos. E, sobretudo, uma carta manuscrita para convencer o seu marido, diplomata, a facilitar a minha saída do país. O que essa mulher desejar, Deus também deseja.

Este adágio verificou-se uma vez mais: uma semana mais tarde, Maryam informa-me que dois membros do serviço secreto jordaniano estariam presentes no aeroporto para me proteger se algo desse errado. Uma proteção especial que devo certamente, explica-me a religiosa, à intervenção da embaixada junto do próprio rei. O dia da partida foi marcado para 15 de agosto, a menos de três semanas.

No dia 14 à noite, Monsenhor Rabah vem pessoalmente nos dizer adeus. Fiquei extremamente comovido com essa atenção, porque em poucos meses me apeguei a ele como a um pai.

Especialmente nessa noite, a sua companhia tranquiliza-me, a mim que me sinto arrancado à minha terra, como uma folha de árvore caída no chão e varrida pelos ventos, pisoteada...

Ao longo dos dezesseis meses passados na Jordânia, o meu encontro com Monsenhor Bassam Rabah foi uma das maiores bênçãos que recebi, porque a sua presença paternal veio encher o meu deserto afetivo. Na minha família, no Iraque, eu era constantemente rodeado e considerado. Nas ruas, as pessoas saudavam-me, chamando-me *Sayid Malouana*, quer dizer "nosso senhor". Se eu renegasse o meu batismo e decidisse voltar para a minha família, sei que teria palácios, criados e cortesãos... Mas quero viver num Iraque onde os cristãos tenham direito de cidadania, quero que a sociedade mude, ou melhor, que ela se torne cristã. Enquanto espero por esse dia, estou condenado a ser um estrangeiro, sozinho com a minha família, empurrado de exílio em exílio. Creio que Monsenhor Rabah percebeu esse vazio em mim, por isso, foi muito atencioso... Não me esqueço de que um dia ele se declarou meu pai!

Também penso que a nossa pertença comum ao Oriente nos aproximou. Com *Abouna* Gabriel era diferente. Eu tinha uma relação mais distante, de mestre e discípulo. O religioso europeu ensinou-nos e enraizou-nos na fé, a Maria e a mim, mas as marcas de afeição não são o seu forte. Ainda sofro por ele nunca ter procurado saber notícias nossas desde a nossa partida do Iraque...

Nesta véspera da partida, volto a pensar também nesta passagem do Evangelho que *Abouna* Gabriel nos citara: é preciso saber deixar tudo por Cristo e isso nos será devolvido a cem por um. Um pouco como fez Abraão, esse longínquo antepassado iraquiano...

Ao deixar o Oriente, deixo aqui muito de mim, especialmente esses dois pastores que me ensinaram tudo.

Gostaria que este serão se prolongasse eternamente, para ainda saborear a alegria quase infantil do contato com esse homem de Igreja tão simples e tão cheio de Deus. Como era seu hábito, pouco come. Pouco mais que chá e um pouco de água... Esta noite, compreendo que, sem dúvida, é este o seu segredo, a chave de bondade que emana dele. Porque ele é um ser ascético, amansado pelo domínio do seu corpo e dos seus apetites, dá todo o lugar a Cristo que está nele e faz com ele irradie à sua volta.

No momento de despedir-se, quando Monsenhor Bassam Rabah já quase nos tinha dado quatro horas do seu tempo precioso, é intolerável a tristeza que sinto ao pensar que vamos nos separar. Como se eu sentisse que nunca mais nos veríamos... Prova da sua grande sensibilidade, Monsenhor Bassam Rabah tem ainda o tato de me precisar que esse adeus é certamente provisório, porque é muito provável que, um dia, passe pela França.

Viático

Amã, 15 de agosto de 2001

A decolagem do nosso avião está marcada para as oito horas da manhã. Por isso, temos de estar no aeroporto de Amã às seis horas. Na véspera à noite, pedi ao nosso táxi que viesse a Zarka mais cedo do que era preciso: às três horas.

Às quatro horas da manhã, ainda noite escura, toco a campainha de Monsenhor Rabah. Estou um pouco sonolento, mas rejubilo antecipadamente com a surpresa que lhe reservo. Ele vem pessoalmente abrir a porta, com um sorriso nos lábios. Eu tinha certeza de que não o perturbava em pleno sono porque, em geral, levanta-se muito cedo: é o único momento em que pode ter um pouco de tranquilidade para a sua oração. Mas não esperava que viesse pessoalmente me abrir a porta.

– Quando ouvi a campainha, pensei logo que deveria ser você – explica-me.

Eis a razão dessa estranha coincidência: eu estava presente nos seus pensamentos e na sua oração, como se ele esperasse por mim. Expus-lhe o meu pedido extraordinário, que me ocupava o espírito desde a véspera:

– Gostaria que dissesse a missa para nós, antes de partirmos.

Ante os perigos a que nos exporemos no aeroporto, é melhor tomar um sólido viático. Não está escrito que chegaremos a ver o fim desta jornada...

Monsenhor Bassam Rabah acena-nos para que entremos e conduz-nos em direção à capela, da maneira mais natural do mundo. Ficamos em silêncio alguns minutos, o tempo de ele se paramentar de alba e casula. Depois, inclina-se profundamente diante do pequeno altar, antes de beijá-lo com respeito.

No fim da missa, permaneço um instante só diante do sacrário. Uma vez mais, o "pão da vida" recebido das mãos do padre transmitiu-me a paz do coração. Todavia, durante o início da cerimônia, tinha imaginado os cenários mais negros para as horas vindouras.

Daqui em diante, afasto o medo e volto a dar um pouco de espaço à confiança. Sobretudo, tenho o sentimento de que essa nova partida é menos tensa que a outra, a da saída do Iraque. As últimas semanas tinham sido terrivelmente penosas por causa da pressão permanente exercida pela minha família.

Aqui não havia nada disso, o perigo estava mais longe, é menos concreto. Isso nos permitiu viver em paz estes últimos dias na Jordânia. Ao sair da capela, estou de tal maneira sereno, que tenho na mão o Evangelho e um livro de poemas. Coloco-os no bolso, sem pensar no perigo que representam no aeroporto: constituem a prova incontestável da minha conversão...

O meu relógio de bolso marca cinco horas. O tempo urge-nos. Temos de partir, esperando que tenhamos tempo suficiente para passar pela fiscalização do aeroporto.

Com Monsenhor Rabah, as despedidas são breves, mas carregadas de emoção. Nesse momento exato, se pudesse escolher ficar com ele, tê-lo-ia feito sem hesitar. Deixá-lo é uma verdadeira dilaceração. Ao mesmo tempo, sinto um alívio quase físico em livrar os nossos amigos – Monsenhor Bassam Rabah, Maryam, Umm Farah – do perigo que para eles representa a ajuda a um muçulmano convertido. Tenho consciência de ter sido um peso nas suas vidas, o que juntava culpabilidade a meu fardo pessoal.

Chegando ao aeroporto, permanecemos no táxi à espera de Maryam. Ela tinha ido à procura dos dois agentes jordanianos que deviam fazer a nossa segurança no momento do embarque.

Os minutos passam, intermináveis. Cada um deles aumenta apenas a minha tensão. A minha imaginação galopa: toda esta agitação à volta do avião não será tão somente um sonho ruim? Repentinamente, desejo intensamente que seja, para não conhecer as angústias da alfândega. É o que mais temo.

De repente, a porta abre-se. Maryam está sozinha. Antes que pronuncie qualquer palavra, sei que há um problema.

– Os agentes não apareceram – diz ressentida.

– Então, o que faremos?

Tenho a impressão de ser um menino que olha para a sua mãe com ar apavorado. Mas as horas apertam e é preciso tomar uma decisão.

– Vamos assim mesmo! – afirma, por fim, a religiosa, num tom que não admite contradição.

À sua ordem, saímos do carro, carregando as nossas bagagens, para nos dirigir ao balcão do *check in*. O empregado olha atentamente para as passagens entregues por Maryam, olha para os passaportes e volta para as passagens...

– Já venho! – diz, enquanto nos olha de soslaio.

Saiu com os nossos passaportes. Não gosto nada disso... A ausência dos agentes que foram prometidos para nos ajudar a passar pela fiscalização e, agora, os escrúpulos do empregado... A nossa espera dura uma boa dezena de minutos. Quando volta, estamos presos a seus lábios, à espera das palavras que nos abrirão a primeira porta para a liberdade.

– Não compraram as passagens da volta? – pergunta.

– Não... – respondo, não sabendo bem o que dizer.

– Preciso dessas passagens, senão não podem embarcar.

Sem apelo. Desmoralizador.

Apenas tínhamos entrado no aeroporto e já começavam os obstáculos. Maryam não se dá por vencida.

– Eles podem comprá-las aqui...

– Preciso das passagens de volta – repete o empregado, com uma manifesta ausência de boa vontade.

Deixando o empregado plantado no seu lugar, a religiosa dirige-se apressadamente a uma agência de viagens situada um pouco mais longe. As informações não são tranquilizadoras: temos de pagar setecentos dinares por pessoa para a volta, o que representa uma soma considerável. É mais de três vezes o preço da ida...

Não aceito essa eventualidade.

– Não é possível, Maryam, setecentos dinares, é caríssimo!

Então, volto-me para o empregado e no meu tom mais lastimoso para comovê-lo:

— Mas, veja, setecentos dinares é caríssimo para nós, não podemos pagar...

— Pouco me importa! Se não tem passagens de volta, não pode partir!

Determinada, a irmã Maryam não entende que se tenha de parar por uma questão de dinheiro. Decidida a comprar essas tais passagens tão necessárias, não me dá escolha e volta à agência. Não posso impedir-me de admirar a sua dedicação...

Entretanto, o balcão da agência fechou. Estamos num impasse. O mais inquietante é que nunca mais vi os passaportes. Depois de tê-los examinado, o empregado guardou-os. Tem-nos na mão, enquanto fala conosco, mas nunca nos devolve esses passaportes.

Já se passou quase uma hora desde que chegamos ao balcão. Estou prestes a renunciar, mas Maryam não parece disposta a baixar as armas.

Perante a energia despendida pela irmã, que parece querer argumentar novamente e insistir até conseguir o que pretende, o empregado, já cansado da guerra, aceita reconsiderar a sua posição, sem dúvida consciente de que ultrapassou a sua autoridade. Olha de novo para as passagens para ver se realmente não haverá outra solução.

Examina-as lentamente, muito lentamente. O meu estômago contorce-se à força de aguentar esse suplício. No final, ergue a cabeça para nós e, sorrindo com um fiozinho de condescendência, começa a registrar as nossas bagagens.

Eu respiro fundo e, ao mesmo tempo, enfureço-me contra esse obscuro subalterno. Quem lhe deu o poder discricionário sobre nós?

– Passem – diz-nos finalmente, orientando-nos para a seção das taxas. É lá que todos os refugiados iraquianos têm de se apresentar antes da sua saída da Jordânia, para ser verificada se a sua situação está em ordem. Todos os que estiveram irregularmente na Jordânia têm de pagar uma taxa: um dinar e meio por dia. Em caso de não pagamento, a administração carimba o passaporte com uma proibição de entrada na Jordânia durante cinco anos. O que, para mim, constituiria um mal menor, uma vez que a conta seria pesadíssima: mil e duzentos dinares!

Parece que tenho de receber um tratamento especial neste aeroporto. No meu caso, o funcionário precisa que a segunda solução – a proibição de entrada – não é possível por uma razão obscura, mas que tenho de aceitar sem discutir.

Evidentemente, ninguém é ingênuo, mas não temos escolha. Além do mais, o funcionário parece ter o prazer maligno de aumentar os preços. Também ele pega os passaportes e desaparece para a parte de trás da seção durante um longo momento. Enxugo a testa, a suar, enquanto Maryam bate com os pés no chão.

Poder-se-ia ainda acreditar na hipótese de que alguém procura a todo custo me manter. Mas quem? A embaixada de França tinha-se entreposto para que me deixassem partir...

A irmã Maryam, a quem comunico as minhas inquietações, pensa tratar-se de uma resistência das engrenagens mais baixas da administração jordaniana. Ainda uma marca da rejeição dos cristãos...

Por fim, o empregado regressa, olha para a religiosa com um ar desconfiado e acaba por dizer:

– E você quem é? Qual é a sua ligação com esta família? E por que está metida nisso?

– Sou uma amiga e, se continuar assim, vai fazer subir a minha pressão! Sabe? Quando a minha pressão sobe, pode ser perigoso para a minha saúde... Então, dá ou não dá esses passaportes?

– São mil e duzentos dinares!

Depois de Maryam lhe dar o dinheiro, o alfandegário ainda tinha os passaportes na mão, como se não tivesse vontade de nos entregar. Como se quisesse retardar-nos ao máximo e fazer tudo para que perdêssemos o avião...

É o dia mais penoso da minha vida. Já não aguento mais essa tensão. Estou prestes a abandonar tudo e a dar meia-volta para pôr fim a este braço de ferro psicológico, do qual não vejo como poderemos sair vitoriosos...

Felizmente, Maryam aguenta bem. Fita os olhos do agente, resolvida a obter os passaportes e acaba conseguindo...

Vencido por uma mulher com véu, o empregado estende-nos os papéis com desdém e caminhamos para o embarque, esperando que o avião tenha esperado por nós. Esbaforidos, lanço um olhar inquieto para o relógio grande do aeroporto, que indica oito horas e trinta!

Paro imediatamente de braços caídos. Já nem sei por que razão corro, pois o avião já levantou voo... Estamos perdidos!

Maryam volta-se para trás e lança-me um olhar desolado, como se dissesse: "Eu fiz tudo o que pude...". Repentinamente, uma voz ecoa no alto-falante:

– Mohammed Fadel Ali é esperado no avião para Paris, portão de embarque número 7...

É incrível. Decididamente, nada me foi poupado até o último instante. Quando já estava persuadido de que tudo estava perdido, a situação resolve-se como que por milagre.

"O francês, língua de Deus"

Voo Amã-Paris, 15 de agosto de 2001

É a primeira vez que voo de avião. Depois de ter instalado a minha mulher e os meus filhos, acabo por encontrar um lugar... ao lado de um padre sírio! Sorrio a essa nova piscadela de olho; vejo nisso um bom presságio do que nos espera na Europa.

Peço-lhe que reze por nós, confiando-lhe por meias palavras o que significa para nós esta partida: separação dos meus, do meu país, dos meus amigos da Jordânia...

Ainda precisarei de coragem para reconstruir a minha vida num universo desconhecido. Na Europa, não tenho nem morada nem número de telefone. Só o contato de um francês, Thierry, engenheiro agrônomo na Jordânia. Foi ele que aceitou organizar a nossa chegada à França, de se constituir responsável perante a embaixada. Os seus pais concordaram em ser a nossa família de acolhimento.

Como convive com palestinos, esse francês preferiu embarcar em outro avião, dois dias mais cedo, para não se comprometer, ajudando ostensivamente um cristão, e para preparar igualmente a nossa chegada. Na precipitação da partida, achamos conveniente ser a irmã Maryam a preveni-lo sobre a hora da nossa chegada.

Durante as oito horas de voo, vejo a minha vida, a que deixo, desfilar aceleradamente. Sem a mão de Deus, nunca me atreveria a viver esta aventura. Foi ela, essa força providencial, que paralisou a boca da minha mulher, impedindo-a de me denunciar à sua família; por ela, igualmente, uma criança de sete anos, o filho de Said, negou conhecer o meu filho Azhar; foi ainda essa força que nos permitiu escapar à polícia em Kérak, graças à presença de Umm Farah. E, finalmente, o mais incrível, a bala que o meu tio disparou contra mim à queima-roupa não me tocou. Isso me enche de força: que desígnio nos reserva o céu, para que tenhamos sido tão favorecidos?

Ao chegar a Orly, depois das averiguações habituais, vejo o francês que nos espera muito sorridente por não nos ter perdido. Explica-me que Maryam não o tinha prevenido, como combinamos. Franzo o sobrolho, inquieto com esta notícia. Que lhe teria acontecido? Imagino o pior, o que me enche de remorsos ao pensar que tinha posto em perigo a vida da religiosa. Mas Thierry não quer que nos alarmemos sem saber o que se passou. Leva-nos para a casa dos seus pais, em Paris, para deixarmos as malas.

No carro, fico muito surpreendido com as cores deste país, primeiro a das árvores que ladeiam a autoestrada, o seu verde semelhante a água, que me parece quase artificial. No meu país, e mesmo na Jordânia, o sol e a luminosidade são extremamente fortes, esmagadores; por contraste, todas as outras cores atenuam-se e tornam-se acinzentadas. Até a arquitetura se dobrou a tal fato. Aqui, ao contrário, as cores saltam-me aos olhos nas suas nuanças e variedades. Espanto-me igualmente ao ver os telhados inclinados e a pedra talhada dos edifícios parisienses; na minha terra, as casas são planas, em cimento armado frequentemente aparente, sem charme.

Os pais de Thierry oferecem-nos chá e o seu acolhimento dá-me um momento de descanso. Desde a nossa chegada, tenho estado à espreita para ver quando os policiais vão chegar para nos prender. Ainda me lembro das palavras muito precisas da cônsul da França em Amã: "Vocês estão marcados pela polícia". Estou convencido de que esta vigilância nos seguiu até aqui.

O fato de não termos notícias de Maryam reforça esta certeza. Apesar dos telefonemas de Thierry, ninguém parece saber onde está a religiosa.

Não obstante, com as suas poucas palavras em árabe, Thierry insiste para que saiamos, pois quer levar-nos imediatamente a Notre-Dame, porque, diz ele, estamos no dia 15 de agosto. E não se pode faltar a essa bela Festa da Assunção.

– Já fomos à missa, muito cedo, hoje de manhã – explico-lhe, antes de lhe contar esse momento único com Monsenhor Rabah.

– Está bem... Mas aqui há uma procissão – replica-me ele. – Estamos na França, num país onde os cristãos são livres e podem fazer procissões...

Contudo, será preciso tempo para que nos libertemos definitivamente do medo, esta segunda pele que nos rodeia desde há muitos anos. Mas os primeiros dias neste país deram-me alguns sinais encorajadores. Primeiro, Maria e eu ficamos emocionados com essa família que nos cerca calorosamente de tantas amabilidades, sem nada esperar em troca. Isso lembra o acolhimento que recebemos na casa de Umm Farah, em Fouheis.

No segundo dia depois da nossa chegada, Thierry me transmite finalmente boas-novas de Maryam, dado que estávamos mortos de inquietação. À saída do aeroporto, ela foi abordada por dois policiais que lhe perguntaram que ligação tinha comigo. Ela respondeu-lhes que tinha "visto a mulher chorar; só isso!".

Por prudência, ela não foi diretamente para a sua comunidade. Partiu para o sul, em direção a Kérak. Um momento depois, os agentes abandonaram a perseguição e ela pôde, finalmente, parar na beira da estrada, para adormecer imediatamente, com uma mão no volante e a outra no telefone ligado!

Estas boas notícias deixam-me o espírito mais livre para me interessar pelos costumes deste país, nomeadamente religiosos. No domingo seguinte, Thierry leva-nos à igreja do Val-de-Grâce, onde ele canta num coro de canto gregoriano.

Impressionam-me as sonoridades, muito mais finas e musicais do que o árabe. Embora não compreenda nada, experimento instantaneamente uma atração por essa língua.

Ao ouvir essa música lenta e profunda, também encontro a atmosfera de oração que conheci nas igrejas do Oriente. Esse canto me atinge o íntimo, mergulha-me numa paz que, alguns dias antes, não imaginava existir.

Impressiona-me, sobretudo, o silêncio que se instaura depois da salmodia: é tangível e parece-me cheio da presença divina. À saída da igreja, interpelo Thierry:

— Esses cantos são verdadeiramente muito belos! É como se o francês fosse a língua de Deus...

— Mas não é francês, é latim — responde-me Thierry sorrindo.

Pouco me importa o nome, não entendo lá muito. Para mim, é a língua da Igreja latina, a do Ocidente. Mas, curiosamente, encontro nela um pouco da minha fé nascida em terras do Oriente.

EPÍLOGO

Um mês depois da minha chegada à França, o meu pai morreu. Soube somente dois anos depois, por um amigo iraquiano com quem mantive contato.

Alguns meses mais tarde, tive uma conversa por telefone com o meu irmão Hussein, um dos que tinham disparado contra mim. Apesar de tudo, mantive uma afeição por ele.

Nunca falamos desse atentado, pois estava acima das minhas forças... Estamos conscientes de que existe um risco demasiado grande de romper o fio tênue que ainda nos liga. Uma explicação franca desencadearia tanta emoção que essa frágil ligação à minha família não resistiria.

Para não abrir os diques da cólera, limitamo-nos a trocar notícias sobre cada um de nós, o que já não é nada mau. Às vezes, sinto que ele quer ajudar-me, tirar-me da miséria em que vivo na França, porque, na verdade, hoje vivemos da generosidade pública deste país, depois de termos esgotado lentamente as nossas reservas.

– Volte para o Iraque – propôs-me o meu irmão Hussein –, mandarei construir uma casa para você longe de Bagdá...

Emociono-me. Percebo muito bem que é meu pai quem exprime, agora postumamente, o desejo de me ver regressar ao país, para junto da família. Mas não confio.

Através dos ecos que Hussein me envia, sinto que a minha mãe ainda não me perdoou. Para ela, sou eu o responsável pela morte do meu pai... Durante a sua agonia, ele ainda repetia:

– Mohammed... Onde está Mohammed?... Sei que ele não morreu!

Choro sempre que penso nisso. É-me doloroso não ter podido explicar-lhe o que eu vivia, e que estava muitíssimo afastado do mundo dele.

A essa distância temporal, parece-me que ele quis apenas provocar em mim um choque, através da prisão e, depois, pela *fatwa*, para obrigar-me a esquecer da conversão a Cristo. Mas ele nunca desejou a minha morte nem uma separação definitiva.

Não sei por que, mas este pensamento consola-me pouco. Talvez por me fazer esperar que subsista entre nós, independentemente dos nossos caminhos radialmente divergentes, um resto de afeição e de estima recíprocas... Isso atenua a saudade do país e a dor do afastamento.

Aqui na França, encontramos progressivamente certa segurança e também uma relativa paz interior. O medo acalmou no coração de Anouar e no meu, as feridas tornaram-se menos vivas.

A minha mulher, sempre muito sensível à poesia e aos sinais, vê um indício da solicitude divina na presença daquela ave rara que veio pousar no peitoril da sua janela na véspera da nossa partida da Jordânia. Viu-a novamente em Paris, precisamente antes da nossa mudança para um apartamento maior. Procurou nos dicionários e nos livros especializados o nome dessa bela ave com cores únicas, mas nunca o encontrou.

Falta-me dar ainda um passo.

Vou precisar de tempo, de muito tempo para perdoar a minha família por tudo o que me fez sofrer: a prisão, a tortura, a falta de dinheiro... A cada nova provação, muitíssimas vezes repeti que tudo era culpa deles.

Não foi por causa de Cristo que sofri, mas por conta da ausência de liberdade que me impõe a sociedade muçulmana, de que a minha família não ousou desligar-se por orgulho e por não querer perder a respeitabilidade.

Ao contrário, foi Cristo quem me ajudou a atravessar as dificuldades. Durante todos estes anos, nem um só dia o seu amor por mim se desmentiu. Foi ele quem me deu coragem e paciência para avançar sempre, sem desesperar.

Através das perseguições que me assaltaram, tenho o orgulho de ter podido testemunhar a minha fé cristã, particularmente quando aconteceu o atentado. Pelo menos tentei mostrar a meus irmãos a inanidade da crença deles.

Penso, nomeadamente, num dos meus quatro irmãos presentes nesse dia, Haidar. Depois daquela discussão entre nós e da violência que se seguiu, ele perdeu a fé muçulmana e vive como ateu. Todos os dias penso nele, assim como em todos os meus familiares que continuam a viver na escuridão do Islã, como os filhos do meu tio Karim, que se tornaram imãs de turbante.

Como desejo que eles conheçam a fé de Cristo, mas sem os tormentos que vivi. Desde a minha chegada à França, fiquei sabendo que não sou o único convertido iraquiano: outros seguiram o mesmo caminho que eu, todos clandestinos porque perseguidos. Sonho que, um dia, o clã Mussaui inteiro possa converter-se... Para isso, seria necessário que a própria sociedade mudasse, com as suas leis. Mas, infelizmente, o ferrolho do Islã impede que isso aconteça.

Entretanto, é a minha família a causa de todos os meus males; e isso é o mais duro de aceitar.

Por isso, todos os dias, combato essa amargura que sei pertinentemente que não é cristã. De todos os combates que travei até o presente, é este certamente o mais difícil. À minha volta, pedi a amigos e padres que encontrei que rezassem por mim, para que eu possa verdadeiramente encontrar a vontade de perdoar.

Em certo sentido, a prisão também teve um efeito benéfico: obrigar-me a refletir sobre mim mesmo, sobre esta violência que há no fundo de mim. Sem isso, teria podido reagir brutalmente ao comportamento da minha família; eu estava até preparado para matá-los. Ao sair da prisão, isso se tornou impossível: a oração e a reflexão tinham-me feito compreender que nunca mais poderia comportar-me como um não cristão.

Amar os inimigos é, sem dúvida, a coisa mais difícil que Cristo hoje me pede. Quando não os temos, poderá parecer fácil. Mas, quando temos contra nós pessoas que marcaram a nossa carne, então o crente é submetido à prova da verdade, à prova que revela se é ou não verdadeiramente cristão.

Sentir que ainda tenho este ódio em mim constitui um verdadeiro sofrimento, é um espinho na minha fé. Mas é a esse preço que, doravante, avalio a minha pertença à religião que escolhi livremente abraçar.

Por ela, já abandonei muito de mim mesmo. Dizia a mim mesmo que merecia ser batizado, porque já tinha pagado o preço, e muito caro. Se hoje sou cristão, não é por tê-lo herdado dos meus pais.

Daqui em diante, se quiser alcançar completamente a Cristo – e agora sei que foi ele que vislumbrei naquela famosa noite há dezesseis anos –, preciso avançar mais um passo, sem dúvida o mais custoso, porque é contra mim mesmo que tenho de combater.

Rua Dona Inácia Uchoa, 62
04110-020 – São Paulo – SP (Brasil)
Tel.: (11) 2125-3500
paulinas.com.br – editora@paulinas.com.br
Telemarketing e SAC: 0800-7010081